MOTIVACIÓN A LARGO PLAZO

Cómo Lograr Siempre los Objetivos que te
Propongas y Obtener lo que Quieres

ALEX FISCHER

Índice

Introducción

Probablemente estarás de acuerdo conmigo si afirmo que la motivación se encuentra algo perdida en esta era digital. Las personas se están dejando llevar por las plataformas digitales que bombardean cada segundo con contenido de entretenimiento y que causan adicción, provocando una falta de concentración y motivación.

Por eso, la mayoría de las personas no están cumpliendo con los cuidados propios que requieren ni tomando las responsabilidades que les corresponden, dejan su vida al azar. Probablemente estés leyendo este libro te encuentras en busca de un proceso paso a paso que te permita retomar tu motivación.

Estar aquí, en la primera página del libro, significa que no estás satisfecho con tu vida y con tu rendimiento ahora.

El primer paso siempre es reconocerlo, porque te permite realizar una introspección y saber qué es lo que no te gusta de ti y de cómo llevas tu vida. Una vez que aceptas lo que no quieres, puedes pensar en lo que sí. El primer impulso es en realidad la motivación queriendo manifestarse en su totalidad, pero entiendo que a veces es difícil enriquecerla.

A veces puede que te sientas completamente desmotivado, y eso está bien. En esa situación, permítete sentir la incomodidad, escucha el diálogo interno negativo y luego toma medidas de todos modos. Por ejemplo, digamos que llegas a casa después de un largo día de trabajo y solo quieres relajarte y mirar televisión. En lugar de encender la televisión, reconoce que estás cansado y luego desafíate a leer primero cinco páginas del libro en tu mesa de noche. Este enfoque da espacio para pensamientos y sentimientos negativos, al tiempo que te ayuda a cambiar patrones arraigados.

La motivación es el proceso que explica la intensidad, la dirección y la persistencia del esfuerzo de un individuo para lograr una meta. Las principales características de la motivación son un proceso continuo orientado a objetivos y un fenómeno psicológico que convierte las habilidades en desempeño. El querer y el hacer están ligados por la motivación, pues es el motor que permite que todo gire y funcione de la mejor manera. Tener una meta es aspirar a algo que puedes lograr a través del esfuerzo.

Otras necesidades que pueden considerarse como un punto secundario son el autoestima, el estatus, la afiliación con los demás, el afecto, la generosidad, los logros y la autoafirmación. Naturalmente, estas necesidades varían en intensidad y con el tiempo entre las personas.

No tienes que encontrarte con todos estos aspectos elevados cada día; es humano de repente sentir que tu auto-estima o tu afecto se encuentren algo debilitados, pero lo importante es ser consciente y capaz de cambiarlo. No esperes que todos los días de tu vida estés en las mejores condiciones, porque hay cosas que no podemos controlar del todo.

"Motivación" es un término general que se aplica a toda la clase de impulsos, deseos, necesidades, deseos y fuerzas similares. Por esto mismo, la motivación puede tomar tanto un camino positivo como uno negativo, así que tenemos que reflexionar acerca de nuestros deseos y el por qué de ellos.

Pero primero, probemos si este libro es el adecuado para ti después de leer lo siguiente:

· Este libro es para escritores, diseñadores, cinematógrafos, artistas o creativos que necesitan algunas tácticas de motivación personal, esa chispa de motivación.

· Para aquellos que están empezando una nueva carrera o pretenden dedicarse a algo nuevo, pero que no se sienten realmente emocionados sino más bien abrumados.

· Para las personas creativas que quieren terminar proyectos importantes, pero se encuentran desmotivadas así que procrastinan y lo hacen tarde.

· Para las personas creativas que han perdido su emoción y pasión por lo que hacen.

· Para las personas que se encuentran sufriendo una crisis existencial y no tienen nada de motivación en la vida.

· Para las personas que están confundidas acerca de qué pasos tomar para motivarse.

· Para las personas que no saben cómo mantener la motivación después de su punto más alto.

· Para las personas que se frustran porque siempre pierden su motivación.

· Para personas como tú, que quieren motivarse, para ser mejores.

Si te identificaste con algún punto, está bien. No te encuentras perdido ni nada por el estilo.

Ya sea que estés empezando una carrera nueva, seas un diseñador, escritor, artista o lo que sea que desees hacer, esto es lo que te puedo asegurar: la motivación no es algo que surja por cuestión de suerte. Para entender mejor esto, debemos empezar con las dos mentiras más grandes acerca de la motivación...

Las Dos Mentiras más Grandes Acerca de la Motivación

SIN MOTIVACIÓN, nuestras metas morirán. Sin ella, nuestra vida se siente fría y sin propósito. Es por eso que, la motivación es el área más importante para dominar y así poder sentirnos vivos, despertar siempre con emoción y lograr nuestras metas. Pero nunca se nos ha enseñado de esa manera.

Nunca se nos enseñó cómo organizar sistemáticamente las estrategias accionables, paso por paso. No sabemos cómo usarla cuando realmente la necesitamos. Ni siquiera sabemos qué es lo que alimenta la motivación ni de dónde surge.

Se espera de nosotros que tengamos motivación todo el tiempo, pero al mismo tiempo no nos educan desde una temprana edad para entender y hacer crecer la motivación.

. . .

Desarrollamos habilidades que se consideran importantes, pero la motivación se queda estancada en la desinformación.

Y obviamente el resultado es que nos lleva, a nosotros los creativos que buscamos más de la vida, hacia una de las más grandes mentiras que hemos creído como verdad, convirtiendo nuestra motivación en polvo. Es momento de desmentirlas.

Mentira #1: la motivación sólo aparece por cuestión de azar

La motivación no sucede por casualidad, como cuando estás mirando una película y de repente una idea surge. Si dejas tu motivación únicamente en manos de la suerte, sólo de vez en cuando tendrás momentos de "iluminación" y el resto de las veces te encontrarás con muchos momentos horribles de desmotivación que te costarán valiosas cantidades de tiempo y felicidad.

Es verdad, a veces una película puede evocar ciertos recuerdos o ciertas ideas que pueden servirte para crear algo, pero no es la motivación que ayuda realmente.

. . .

Esperar por la llegada sorpresiva de la motivación en vez de hacerte cargo de la situación es un grave error para las personas que están iniciando su camino al crecimiento personal. Deja de depender del azar para tener motivación.

En lugar de eso, hazte cargo de tu motivación a través de un diseño o planeación (conceptos que se explicarán detalladamente más adelante).

La motivación es el deseo de actuar al servicio de una meta.

Es el elemento crucial para establecer y alcanzar los objetivos de uno, y las investigaciones muestran que las personas pueden influir y mejorar sus propios niveles de motivación.

Saber que tú mismo puedes aportar al desarrollo de tu motivación, y no sólo eso, sino que tú eres la única persona que está a cargo de eso, realmente es un alivio a pesar de saber que no es trabajo fácil.

La motivación puede surgir de una variedad de fuentes. Las personas pueden estar motivadas por incentivos externos, como la motivación para trabajar por una compensación, o el disfrute interno, como la motivación para crear obras de arte en el tiempo libre.

· · ·

Otras fuentes de motivación incluyen la curiosidad, la autonomía, la validación de la identidad y las creencias de uno, la creación de una imagen positiva de sí mismo y el deseo de evitar pérdidas potenciales.

Mentira #2: La motivación surge al seguir investigando y mantenerte ocupado.

¿Has estado ocupado con tu trabajo, pero no sientes un propósito o emoción creando tu arte? ¿Estás saltando de proyecto en proyecto sin sentirte completo o satisfecho?

¿Incluso hiciste más investigaciones, digamos que estás cambiando de carreras o empezando un negocio, pero aún así estás estresado porque estás sobre analizando el aspecto del "cómo"? Entiendo.

Sin embargo, estar ocupado a menudo significa que trabajas horas extras y tienes la ilusión de que tienes menos tiempo del que realmente tienes. Esto puede evitar que termines tus tareas y aceptes el desafío de tareas más largas o extendidas.

De alguna manera, en estos días estar ocupado significa tener éxito, para algunas personas. Pero no tendrás éxito si estás ocupado, tendrás éxito si eres productivo.

· · ·

Sí, la productividad y el ajetreo son diferentes, pero la mayoría de la gente piensa que son lo mismo. Productivo por definición significa "lograr una cantidad o resultado significativo", mientras que ocupado es "tener mucho que hacer o mantenerse ocupado". La verdadera diferencia entre los dos es que la productividad produce resultados.

Estar ocupado solo significa usar (o en algunos casos perder) mucho tiempo y probablemente no obtener el resultado final que está buscando.

Hacer más no es el secreto para hacer surgir y mantener la motivación a largo plazo. Cuando tus niveles de estrés superan tus propios límites debido al exceso de trabajo e información recopilada, la felicidad se estanca y la motivación baja hasta el punto de desaparecer. No serás capaz de producir un trabajo del que estés orgulloso si te encuentras estresado y fatigado, es un hecho.

Si una tarea, proyecto u objetivo es importante para ti, encontrarás la manera de incorporarlo a tu línea de tiempo o itinerario. Tener tres o cuatro prioridades te permite mantenerte enfocado y trabajar para lograr el resultado deseado. Tener 20 prioridades crea un dolor de cabeza y no te da tiempo para completar nada. Entonces, cuando te quedes sin tiempo, pregúntate si has priorizado demasiado.

. . .

Las personas ocupadas ocultan su falta de concentración creando una lista más larga de cosas que deben hacerse. No hay un sentido de dirección en sus acciones, solo una multitud de cosas que consumen su tiempo. Las personas productivas tienen una misión. Sus acciones están impulsadas por la decisión consciente de lograr un resultado particular y todo lo que hacen está orientado hacia ese resultado.

Documentar tus decisiones puede ser una de las mejores cosas que puedes hacer. Te permite comprender claramente cómo tus acciones están teniendo un impacto en tu vida y qué debes hacer para progresar. Tomar una acción sin sentido no produce muchos resultados. Vivimos en un mundo donde las personas están más interesadas en actualizar sus redes sociales que en monitorear proactivamente su crecimiento personal. No caigas en la trampa. Asegúrate de que todo lo que hagas esté inspirado en tu misión personal y en la meta que has establecido.

La verdad acerca de la motivación

Estos dos mitos desmentidos no son a respuesta de la que deberías depender, pero debido a toda esa información saturada que bloquea nuestro ejercicio de pensamiento y de creatividad, no nos hemos dado cuenta de que sólo estamos corriendo, dando vueltas haciendo las tareas no esenciales o primordiales que no nos permiten avanzar con nuestros objetivos en lo absoluto. En lugar de eso, sólo provocan que la energía se desgaste en proyectos que no tendrán futuro.

Llegamos a las emociones automáticamente negativas de corto plazo y nos detenemos. Pero, si sólo pudiéramos darnos cuenta y avanzar a través de esas desgastantes emociones, y mirar hacia un futuro más emocionante, quizá seremos capaces de sobrepasarlo e incluso convertirnos en unos expertos de la motivación y hacerla surgir en el momento que queramos. Una vez que entiendas a lo que se refiere este párrafo, será el fin de la miseria desmotivadora.

Nuestra carga de trabajo diaria a menudo nos llega a un ritmo interminable, y las tareas generalmente se plantean como urgentes e importantes, pero la vida es más que simplemente luchar contra la carga de trabajo diaria. Para lograr tus sueños, debes trabajar en tu plan y prioridades en lugar de establecer metas. Las metas son la parte más importante del plan y describen lo que deseas lograr.

También brindan enfoque porque una vez que tienes un objetivo claro en mente, puedes volver a dedicarte y descuidar con confianza las ideas que no contribuyen a tu éxito.

Algunas metas se centran en lograr algo en un momento determinado, como leer un libro determinado antes de fin de mes. Si la meta es demasiado grande, dividela por año, trimestre, mes e incluso semana. Las metas de resultado tienden a ser más difíciles de alcanzar y, por lo tanto, más frustrantes si no se alcanzan, pero también brindan la orientación más clara e importante.

Sé honesto contigo mismo: ¿estás dónde quieres estar?, ¿aún no? Entonces hagamos un cambio, comenzando hoy. Inténtalo ahora: te sorprenderás de lo divertido que puede ser establecer tus metas una vez que comiences. Así que toma un bolígrafo y una hoja de papel, siéntate y sumérgete en una seria sesión de revisión y planificación. Yo te acompañaré en este proceso para que puedas lograr todo lo que te propongas.

2

Las Bases De La Motivación

LA MOTIVACIÓN ES el área más importante y principal del crecimiento personal y control emocional. Sin motivación, no hay crecimiento. Sin motivación, no hay fuerzas para seguir adelante. Sin motivación, no hay manera de recorrer el inicio de tu carrera.

Con la elección de tu arte, debes tener también motivación.

Para llegar a tus clientes predilectos, es necesario que te motives a ti mismo. Incluso para ser un buen papel en un equipo, es necesario tener motivación.

Para ser un mejor comunicador y líder para tu equipo, necesitas estar muy motivado. Para darle amor incondicional a tu pareja, necesitas generar motivación.

· · ·

En realidad, en todos los aspectos de tu vida, para triunfar en cada uno, es de vital importancia estar lo suficientemente motivado.

Entendiendo la ciencia de la motivación

A pesar de que se sabe que la motivación no es cualquier cosa, la mayor parte del tiempo, las personas no se dan cuenta de que la motivación está respaldada por investigaciones científicas y hechos corroborados. Esto significa que hay reglas que, de ser violadas, te encontrarás desmotivado sin importar qué más hagas.

Tienes entonces dos opciones frente a ti. La primera es a través de la suerte o el azar pero que, como ya he mencionado antes, lo ideal es no depender por completo de esta opción. La segunda es a partir de un diseño. Esa es la mejor jugada, amigo creativo y artista.

Enciende tu motivación a partir del diseño y no de la suerte

Cada día de la semana, elijo motivarme a partir del diseño porque es lo que está en mi control. Es tiempo de empezar a creer que tú eres quien está a cargo de tu motivación.

· · ·

Entonces, todo se resume al hecho de que tú empiezas a estar consciente de esas acciones basadas en investigación que hacen surgir, mantener y liberar tu motivación, y lo puedes poner en práctica de inmediato.

Investigaciones y estudios neurocientíficos acerca de la motivación:

· Así como los estudios acerca de la motivación siguen avanzando, un estudio de neurociencia encontró evidencia acerca de cómo una mentalidad de crecimiento está indudablemente ligada a los niveles de motivación en el ser humano. Un cambio de mentalidad puede llegar a permitir un cambio en las conductas relacionadas a la motivación personal.

· La motivación depende fuertemente de los reconocimientos intrínsecos y extrínsecos y nos permite mantener y elevar los niveles de motivación. Algunos ejemplos de reconocimientos pueden ser el alcance de un objetivo o meta, competencia, logros, y crecimiento personal.

· También se ha descubierto que el dolor y el placer son considerados los principales motivadores de la conducta humana, ya sea de manera positiva o negativa.

· El resultado de un estudio realizado a varias personas mostró un incremento en los niveles de felicidad después de cumplir con un programa de ejercicio psíquico con ocho semanas de duración.

· Establecer metas y darle seguimiento y análisis a tu progreso tiene un gran impacto motivacional. Es necesario que ambos aspectos se trabajan en conjunto.

· Un concepto que la psicología llama "fluir" que es envolverse por completo en una actividad que requiera concentración y presencia.

· Tener altas y específicas ambiciones y metas llevan a disfrutarlo más profundamente, y tener mayor productividad y motivación.

· Los profesionales en estas áreas suelen tener altos niveles de motivación ya que realizan actividades que los satisfacen, desarrolla su competencia, y les da una visión de vida llena.

Estos son sólo algunos de los muchos estudios y experimentos que se han hecho en la neurociencia y la investigación acerca de la motivación que ha mejorado a lo largo de los años y que nos ofrece pistas sobre cómo la motivación surge, se mantiene y se expande.

Lo que me emociona compartir contigo es la estrategia que he creado basándome en la ciencia y los estudios acerca de la motivación. Considero que será un cambio positivo para cuando necesites un empujón de ayuda para cumplir tus sueños.

He organizado todo para que sea sencillo de comprender, fácil de seguir y estas estrategias te servirán para los puntos de inflexión en la creación de tus obras, sea cual sea tu área de desempeño.

· · ·

Una vez que hagas contacto con esta fórmula de tres pasos, y la practiques diariamente con tu intención más genuina, nunca te faltará pasión.

Los capítulos siguientes

Ahora que sabemos que hay estudios acerca de la motivación que demuestran cómo la motivación es vital en nuestras vidas, estamos a punto de sumergirnos por los capítulos que profundizan en el control y manejo de la motivación.

Descubrirás las estrategias que juegan un papel importante en la transformación de tu energía y pasión, y después aprenderás los tres pasos que harán florecer la motivación que hay en ti, donde sea y cuando sea que tú lo desees.

Las personas que son profesionales en lo que hacen saben qué las motivan. Las personas que revolucionaron sus respectivas industrias, como muchos famosos a nivel mundial que te pueden venir a la mente.

El resto de las personas extraordinarias que nos inspiran siempre, saben cómo motivarse a ellas mismas para tener sus ideas geniales y que se manifiesten en la realidad.

· · ·

Podemos aprender verdaderamente de ellas, y no es solamente porque son inteligentes, sino también porque podemos acercarnos a observar cómo realizan su trabajo.

De igual manera, podemos aprender mucho de cómo miran esas personas sus creaciones y qué les inspira para despertar cada día y estar motivadas. En realidad, todo el mundo tiene la misma cantidad de horas cada día, pero las aprovecha de diferentes maneras.

Todos tenemos nuestros propios dones. Ahora depende de nosotros cómo nos vamos a motivar a nosotros mismos para mantener nuestras fuerzas y producir las ideas necesarias para lograr nuestras metas y crear lo que siempre hemos soñado.

Estrategias basadas en la neurociencia

La primera estrategia que me emociona compartir es la de "los 7 principios para dominar la motivación".

Esta estrategia apoya el proceso de la estrategia de tres pasos hacia la motivación, y una vez que hayas comprendido eso, te encontrarás inmediatamente en un nivel muy alto del alcance a la motivación.

. . .

Descubre cuáles son los 7 principios para dominar la motivación.

3

Tener una Meta Clara para Dirigir la Motivación

ESTABLECER tu meta prioritaria requiere de una profunda introspección para saber qué es lo que realmente deseas ser. Como he mencionado en el capítulo anterior, cuestionarse a uno mismo es el primer paso, pero antes de trabajar con tu motivación necesitas conocer el impulso mayor que te permitirá recorrer ese camino. A continuación, te presentaré una serie de pasos sencillos para plantear tu meta y poder empezar con ese cambio que tanto deseas.

Paso 1: Recuerda tu visión e identifica todos los posibles objetivos que se le atribuyen.

Idear profundamente. Nuevamente, el establecimiento de metas es el paso más importante en la planificación. En comparación con sólo recopilar tareas, con los objetivos, primero estás dando un paso atrás al separar el resultado deseado de su ejecución.

Primero, obtén claridad sobre lo que deseas lograr. Luego, encuentra las mejores formas de llegar allí. Establecer metas no es una tarea fácil. Tómate tu tiempo y elige sabiamente. Asegúrate de incluir diferentes aspectos tanto de tu profesión como de tu vida.

Algunas preguntas de ejemplo para inspirarte durante este paso:

· ¿Cuál es tu objetivo más importante este año? ¿Este mes? Alternativamente, ¿qué es lo principal que deseas lograr en los próximos 100 días?

· Al revisar todo lo que funcionó bien en el pasado, ¿qué podrías seguir haciendo o aumentar?

· ¿Qué podrías hacer para mejorar sustancialmente tu posición en todos los aspectos?

· ¿Qué podrías dejar de hacer ahora mismo que sea perjudicial para tu visión y valores fundamentales, tu salud física o financiera, tus relaciones y asociaciones o tu felicidad?

Piensa en grande y esfuérzate. Existe una tendencia a hacer que las metas sean lo más "realistas" y "alcanzables" posible. Ese debería ser tu punto de partida, pero debes estirarlo mucho más. Sal de tu zona de confort. Siéntete seguro de que puedes y lograrás tus sueños.

Comenzar con el fin en mente. ¿Cuál es tu resultado deseado?

Llega a la raíz de por qué quieres alcanzar una meta.

¿Has identificado uno que vale la pena resolver? ¿De verdad quieres resolver esto? ¿Es esto algo que puedes hacer o es una de tus fortalezas? Una vez decidido, imagina tu objetivo y todos los beneficios reales que conlleva alcanzarlo. Cuanto más personal sea, mejor. Cuantos más beneficios le otorgues a cada uno de tus objetivos, es más probable que sigas trabajando para lograrlo con todos tus esfuerzos.

Paso 2: Elige tus objetivos más importantes para el próximo período y dales forma.

Elige algunas metas con las que estés comprometido, en lugar de enumerar todo lo que crees que debes hacer por obligación. Divide cualquier objetivo importante en objetivos más pequeños. La mayoría de las investigaciones respaldan la idea de que establecer metas a corto plazo es más útil que mirar el panorama general. Por lo tanto, es mejor dividir los objetivos en objetivos mensuales o semanales más pequeños, incluso si tienes una lista más grande de objetivos a largo plazo.

Debes ser específico y claro. Se concreto. Piensa en cosas particulares que desees emprender o lograr, no metas demasiado abstractas para comprender.

. . .

Entonces, en lugar de "Encuentra la felicidad en la vida", intenta "Conviértete en un padre amoroso y afectuoso". Una forma de comprobar si tu objetivo es lo suficientemente claro es preguntarte: ¿cómo sabré cuando he alcanzado mi objetivo? ¿Cómo mediré el éxito?

Paso 3: Planifica proyectos y tareas individuales para alcanzar este objetivo y el período en el que se abordan y por quién.

Concéntrate en lo que se necesita hacer. Cada pequeño logro en el camino elevará aún más tu moral. Divide tu objetivo en pequeños pasos individuales como tareas, agrupadas por proyectos o hitos. Los profesionales llaman a esto estructura de desglose del trabajo.

Una vez establecida, ahora surge la disciplina clásica de la gestión de proyectos. Te estás preparando para la acción. La planificación es necesaria, incluso si las circunstancias pueden cambiar porque, por supuesto, aunque hemos escuchado, "Ningún plan de batalla sobrevive al contacto con el enemigo", también dicen, "no planificar es planear fallar" y "siempre puedes cambiar tu plan, pero solo si tienes uno ".

¿Cuáles son los obstáculos o desafíos sobre los que debes planificar? Algunos pueden ser obvios a primera vista, pero otros pueden presentarse en muchas formas diferentes:

· Creencias: cuando tengas una creencia que impida un progreso constante, escríbela. A menudo, cuando te encuentras diciendo cosas como "Si tan sólo tuviera ..." o "Si eso fuera posible ...", esas son las frases que debes escribir. Una vez escrito, esfuérzate por disipar esas creencias limitantes. Encuentra cualquier evidencia positiva contra ellos y piensa en cómo se formaron las creencias en primer lugar. A veces, la información que encuentres mientras investigas esa creencia en particular ya la destruirá. Otras veces, es posible que debas crear un evento que contradiga tu experiencia anterior para ayudar a borrar esa creencia limitante.

· Hábitos: Como seres humanos, todos formamos malos hábitos en la vida que podrían necesitar una reprogramación en el camino. Piensa en esas cosas rutinarias y subconscientes que podrían obstaculizar tu progreso, es decir, comer tarde en la noche cuando tu objetivo es perder peso.

Teniendo claros estos puntos acerca de las metas y objetivos, es momento de adentrarse al contenido principal del libro: la motivación.

4

Los 7 Principios Claves para estar Altamente Motivado

ANTES DE QUE entremos al proceso de los tres sencillos pasos hacia una deslumbrante motivación, quisiera empezar primero con este capítulo ya que considero que será revolucionario para ti y tu motivación.

Estos son mis ingredientes para la receta llamada "motivación" que aprendí de personas profesionales y de la neurociencia, que debes comprender profundamente para ser capaz de sentirte preparado y lograr el proceso de tres pasos.

Los 7 principios son: entornos estimulantes, certeza absoluta, estado físico, concentración imparable, creer en ti mismo, ambiciones altas, y un futuro convincente. Una vez que dirijas tus acciones hacia estos poderosos principios que estás por conocer a fondo, tu motivación empezará a surgir.

· · ·

Un futuro convincente

Nosotros necesitamos ese futuro que nos emociona, no necesariamente que tengamos que lanzarnos a él, sino por el contrario, un futuro que nos atraiga como un imán. Todos nosotros necesitamos de ese futuro convincente que es profundamente personal para nosotros. Un empresario se encuentra motivado por una razón.

Por ejemplo, una empresaria que tiene muy vívidamente la visión de su negocio de modas. Ella puede ver cómo quiere que las prendas estén arregladas estéticamente. Cada día, ella siente cómo la textura de la tela de sus productos se verá y se sentirá.

Eso es la motivación intrínseca y la motivación extrínseca recorriendo sus venas, emocionandose por despertarse todos los días y hacer las tareas importantes para movilizar su vida y alcanzar su meta.

Ambiciones altas

¿Cuál es el comienzo de cada logro? El hambre. El deseo es el inicio de cualquier logro, mientras mayor sea el deseo, mejor.

. . .

Alzar nuestras expectativas nos hace estremecernos de emoción como si algo grande estuviera en camino, la gran motivación.

Los artistas ambiciosos no son llevados necesariamente por la magnitud de sus metas, pero es emocionante para el proceso poseer esa ambición, sin importar qué se encuentra frente a él.

El verdadero propósito de sus sueños más grandes es poder jugar el juego que lo apasiona durante más tiempo, lo que significa más tiempo también para su felicidad.

Aquí te doy 10 razones por las que nunca debe subestimar el valor de ser ambicioso:

1. La vida está aquí para tomarla, pero tú tienes que alcanzarla.

Los tesoros de la vida normalmente no se nos entregan, pero tampoco todos requieren una cantidad increíble de trabajo.

Algunas cosas sólo requieren un poco de persecución.

. . .

Puede ser un cliché, pero gran parte de la vida se les da a los hacedores, no a los que esperan. Esto no siempre es obvio hasta que hacemos un esfuerzo.

¿Cuáles son las posibilidades de que obtengamos lo que queremos si no buscamos lo que queremos? Si esperamos influir en la calidad de nuestra vida, debemos desempeñar un papel activo.

A veces ni siquiera sabemos que somos buenos en algo hasta que lo intentamos. Incluso podemos descubrir pasiones inesperadas al probar cosas nuevas. Todo está ahí para nosotros. Solo tenemos que estar dispuestos a salir y perseguir nuestras aspiraciones.

2. La ambición es más importante que el talento

No controlamos con qué características físicas nacemos, pero podemos elegir qué tan entusiastas estamos dispuestos a ser. La ambición por sí sola no garantiza el éxito, pero incluso un gran talento sin ambición no es nada.

La ambición es como el motor para este automóvil llamado vida. No importa qué tan aerodinámico, poderoso o elegante sea el automóvil, sin el motor es sólo un bulto gigante que no va a ninguna parte.

La acción deliberada conduce a la habilidad. Nunca sabremos qué grandes talentos podríamos descubrir hasta que salgamos valientemente de nuestra zona de confort.

3. La ambición lleva naturalmente a los atributos que son esenciales para el éxito.

Cuando somos ambiciosos, buscamos alcanzar un objetivo. Siempre que escojamos una meta que nos interese, los efectos secundarios positivos de este viaje son abundantes. Desarrollamos una serie de características importantes.

· Persistencia: cuando estamos entusiasmados con una idea, es menos probable que dejemos que los obstáculos y los fracasos nos detengan.

· Experiencia: aprendemos a tomar buenas decisiones en los grandes asuntos cometiendo primero muchos errores en los pequeños asuntos.

· Disciplina: cuando nos centramos en un objetivo, nos preocupamos más por una visión que por lo que piensan los demás, por lo que desarrollamos una inmunidad natural frente a los críticos.

· Determinación: cuando estamos demasiado ocupados haciendo algo de nosotros mismos, no tenemos tiempo para pensar en excusas.

· Creatividad: la ambición produce entusiasmo, que conduce a la creatividad, ya que nuestra imaginación es alimentada por nuestra emoción.

· · ·

No todos los esfuerzos producirán resultados, pero cuanto más ambiciosos seamos, mayor tendencia tendremos a desarrollar estos asombrosos atributos.

4 - Podemos elegir ser ambiciosos con todo lo que nos rodea.

¿Te apasiona alguna habilidad? ¿Por qué no mejorar? ¿Tienes una causa favorita? Vuélvete loco. ¿Son tus hijos el centro de tu universo? Conviértete en el mejor padre.

Lo que elegimos perseguir es completamente personal. Podemos decir mucho sobre lo que las personas valoran por su compromiso con alcanzar al menos algún nivel de logro. Piénsalo. Todos están entusiasmados con alguna idea, por lo que perseguir esa idea no puede ser más que puro disfrute, incluso si fallamos. Esa es la belleza de elegir nuestras propias metas.

Muchas vidas se pasan simplemente siguiendo los pasos de otros o persiguiendo el sueño de otra persona sin otra razón que la falta de imaginación. Una vez que reconocemos este hecho, comenzamos a apreciar lo agradable que es la vida simplemente persiguiendo lo que amamos.

. . .

5 - Cada gran historia de éxito tiene la ambición como denominador común.

Cada gran historia de éxito, cada biografía increíble, cualquier logro alucinante que hayamos escuchado; todos tenían la ambición como uno de sus elementos centrales.

El camino hacia algo grande no se puede alcanzar sin ambición.

Un fuerte deseo combinado con la intención está llevando a las personas a marcar historia a nuestro alrededor todo el tiempo. Deberíamos preguntarnos: "¿Por qué no nosotros?" ¿Estamos en este juego llamado vida o simplemente un espectador viendo a otros divertirse? Tenemos la oportunidad de elegir. Pero debemos tener cuidado. Si elegimos no hacer nada, eso es exactamente lo que obtendremos.

6 - La ambición proporciona claridad.

¿Esta elección me acerca a mi objetivo? Si no es así, ¿por qué lo hago? Si nuestras acciones no están inspiradas por algún propósito, las decisiones que tomamos pueden confundirse rápidamente. Sin embargo, cuando definimos una meta, deseamos alcanzarla y actuamos de acuerdo con esos deseos, estas elecciones son fáciles.

Lo que es deseable pero inalcanzable para los desmotivados es simplemente un destino para los ambiciosos. Con verdadera ambición, nuestros mayores objetivos se convierten en objetivos en lugar de meras esperanzas y sueños, que es una forma mucho más agradable de atravesar la vida.

7 - La vida es más emocionante con la ambición.

Siempre deberíamos luchar por algo. Una vez que nos detenemos, nuestras vidas carecen de sentido. Una vida que no persigue un sueño es como un balde de fuegos artificiales que nunca se enciende. Todo el potencial, emoción, diversión; todo en vano.

Imagínate hacer una pequeña apuesta en un caballo con la posibilidad de ganar en grande. Incluso si perdemos, es mucho más emocionante estar en la carrera con algo en juego, especialmente cuando compartimos ese entusiasmo con los demás. Si no dejamos algo, simplemente estamos viendo la emoción de los demás. ¿Qué tipo de vida es esa?

En el peor de los casos, tenemos una historia divertida sobre el fracaso y nunca nos quedamos preguntándonos qué pudo haber sido. Pocas personas llegan al final de su vida lamentando las cosas que intentaron. Ser ambicioso es casi completamente positivo.

8 – La ambición trae consigo satisfacción.

Uno de los elementos más gratificantes de la vida es proponerse una meta digna y difícil y alcanzarla después de una larga lucha.

No hay éxito sin ambición. E incluso si lo hubiera, qué lástima sería llegar al éxito con facilidad. No tendríamos la satisfacción ni el orgullo de haber superado un desafío. Podemos optar por evitar metas difíciles en nuestra vida, pero si es así, debemos aceptar que nunca compartiremos el placer de la victoria.

9 - Tratar de cumplir un objetivo digno es construir carácter.

La fuerza proviene de enfrentar las dificultades y resistir con éxito. Así es como construimos músculos, cómo desarrollamos el coraje y cómo evoluciona la vida misma. Estos rasgos no están disponibles para quienes permanecen inactivos.

Debemos aceptar que debemos ser débiles antes de volvernos fuertes. Es parte del proceso. Toda gran hazaña comenzaba con pequeños pasos, a menudo empañados por las dificultades.

El crecimiento proviene de negarnos a permitir que la adversidad controle nuestro destino, y no hay mejor manera de realizar esto que esforzándose por lograr un objetivo que valga la pena.

10 - Considere la alternativa.

Considere las palabras que definen a alguien que carece de ambición: torpe, vago, conformista, dependiente, aburrido, lento. Ninguno de estos debería sonar ni remotamente atractivo. Deberían hacernos sentir incómodos.

Creer en ti mismo

No es tan necesario que creas que puedes alcanzar tu meta cuando apenas estás empezando a dibujarla en tu mente, pero tener la creencia de que puedes averiguar las cosas y solucionarlas en el camino es muy importante al iniciar un recorrido, especialmente en una nueva carrera.

Todos somos aventureros cuando empezamos algo. La pregunta sería si estás confiado en que si, con el entrenamiento necesario, conocimiento, tiempo y esfuerzo puedes salir adelante, aprender y lograr esas pequeñas batallas a lo largo del camino.

· · ·

Necesitas ser un aventurero confiado para ganar esa guerra acerca de la motivación, porque no será un camino fácil ni corto.

Concentración imparable

Un escritor que es prolífico, productivo, y con una alta motivación es producto de su concentración. La concentración mantiene la motivación.

Ese es el juego al que nos estamos enfrentando. Después, revelaré cómo adquirir esa concentración cuando tienes miedo de empezar.

Muchos tienen miedo de empezar porque ven su trabajo como estrés. Se estresan a sí mismos y piensan que tienen que trabajar ocho horas en un proyecto cuando ese ni siquiera es el caso.

Un escritor productivo sabe cómo engañar a su cerebro para empezar porque sabe que nada más necesita de concentración para producir una obra de arte.

Estado físico

· · ·

Cuando una bailarina escucha la música, comienza a bailar. Se vuelve consciente de sí misma y su cuerpo, se mueve y de repente, se siente grandiosa.

Una vez que cambies tu estado físico con movimientos corporales, cambias tu estado mental también.

Además del hecho científico de cambiar tu estado físico para cambiar tu ánimo de miedo, escuchar música en la mañana conforme te vas moviendo, ayuda a liberar esas emociones positivas también.

Certeza absoluta

Debemos ser como el líder certero, aunque suele sobreanalizar las cosas, es capaz de liberarse de la mentalidad sobre analítica rápidamente, cambiar la historia y alcanzar la claridad.

Cuando conoces al menos los pasos uno, dos y tres hacia tu meta, sin tener todos los pasos en mente, te sentirás motivado. Es debido a que la certeza que necesitas como ser humano ha sido satisfecha únicamente con los primeros pasos.

. . .

De igual manera, el líder certero le provee a su equipo pasos claros para que se sientan motivados, y realiza progresos con propósito.

Entornos estimulantes

No importa cuánto leas e investigues, ahogar gente te hará sumergirte también. No te vayas por ese lado.

Conviértete en un buscador de dominio, que está rodeado de artistas ambiciosos, emprendedores emocionados, escritores productivos, aventureros confiados, y líderes certeros.

El espacio de trabajo donde realices tu arte, tu círculo interior, y de quiénes aprenden; diseña todo eso de cierta forma que te ayuden a ser más valiente y una mejor versión de ti mismo, no lo contrario. Es momento de hacerse cargo.

A una página de la fórmula de tres pasos para la motivación

Ahora que entiendes la ciencia detrás de la motivación y las 7 estrategias por las que debes alinear tu actitud y tus acciones, es tiempo de los capítulos principales, los que cambian el juego.

En el próximo capítulo, prepara una libreta de notas y un lápiz, porque para aprovechar el poder de los tres pasos sencillos para convertirte en un experto de la motivación, debes aprender activamente todo y practicar.

Puedes hacer eso tomando notas, haciendo los ejercicios, y comprometerte con las prácticas que estoy por revelar y compartir contigo.

Por último, déjame por fin mostrarte esta fórmula de tres increíbles y sencillos pasos.

5

Los Tres Sencillos Pasos Hacia La Motivación

BIENVENIDO A LOS TRES sencillos pasos para estar motivado. La clave para poder dominar la motivación recae simplemente en las siguientes palabras: surgir, mantener y estirar.

Esas poderosas palabras son todo lo que necesitamos para recordar empezar a convertirnos en profesionales de nuestras propias industrias o áreas de especialización.

Te preguntarás qué significa surgir, mantener y estirar. Sigamos avanzando.

Cuando tuve un gran altibajo y me sentí derrotado justo antes de empezar mi carrera de escritor, realicé una intensa investigación acerca del dominio de la motivación y la energía porque sin esas dos cosas, sabía que mis metas iban a morir.

Sabía que no sería capaz de producir mi arte y mis obras en el futuro si no podía producir trabajo de calidad con alegría. Y todo eso requiere de una motivación sostenida a largo plazo.

Surgir, mantener y estirar la motivación es simplemente llamado el dominio cíclico de la motivación que involucra tres pasos secuenciales.

Primero tienes que hacerla surgir cuando tienes 0 motivación. Después, tienes que ser capaz de sostenerla para que puedas tener un progreso a lo largo del recorrido.

Finalmente, debes aprender a cultivar esa motivación y estirarla para que se convierta en una verdadera gran motivación a largo plazo.

Tiene que realizarse secuencialmente para que puedas maximizar tu energía y productividad.

De igual manera creé una pequeña trampa, si podemos llamarla así, de este proceso de tres pasos que verás luego en el siguiente capítulo. Para empezar, vamos a profundizar en cada uno de los pasos primero; surgir, ¿qué crees que significa hacer surgir tu motivación?

. . .

Haz surgir tu motivación

El primer paso es que necesitas saber cómo hacer surgir tu motivación. En el capítulo introductorio, mencioné que debemos hacer surgir la motivación por medio de diseño y no a través de la suerte o el azar.

Como creativos o creadores, debemos ser capaces de motivarnos a nosotros mismos en cualquier momento, cualquier día de la semana. Especialmente si eres un emprendedor o trabajas por proyectos.

Hacer surgir tu motivación por medio de diseño se puede hacer por medio de dos maneras científicamente fundamentadas.

1. Define y eleva tus ambiciones

Debes tener un deseo o una pasión. Podemos simplemente llamar a eso ambición, el deseo de tener o lograr más.

No es necesariamente acerca de la meta, sino el proceso donde todo está mezclado.

· · ·

La mayoría de las masas piensan que debemos estar aferrados a una meta incluso si el proceso no inspira pasión.

Esa es una gran mentira de la que debes tener cuidado. Eso lo hablaremos en los capítulos dedicados a los errores y mentiras.

Por ahora, debes saber que el proceso hacia tu ambición debe ser emocionante y debes sentirte apasionado por él, o de otra forma no estarás motivado. Estarás viviendo estresado el resto de tu vida, y ese no es el caso.

Esto es lo que tienes que establecer antes de hacer cualquier otra cosa:

Paso 1: identifica tu ambición o meta principal de este año. Tienes que ser específico (nada de cosas como "mi meta es ganar dinero"). Al no tener claridad en lo que quieres, la motivación no estará. Así es, sólo una meta, no tres ni diez.

Para seguir motivado, necesitas de toda la concentración posible. Elige una meta, y ten una revisión semanal en otras áreas de tu vida para poder mantener un sano balance.

. . .

Paso 2: digamos que tu meta es hacer cierta cantidad de dinero como escritor por encargo, escríbelo en un gran pedazo de papel con letras vistosas.

Paso 3: mantén ese papel en algún lugar visible de tu casa o tu área de trabajo, para que te de ánimos de realizarlo y lograr tu meta.

Liberar razones magnéticas

Como segundo aspecto, para empezar a hacer surgir la motivación, necesitas escribir en un pedazo de papel por separado, una lista acerca de qué es lo que realmente quieres lograr.

Eso también puede asociarse con imágenes que pegues en tu pared, además de tu meta principal del año. Una vez que hayas terminado de escribir la lista, mantén esas ideas a la vista.

Algunas veces, las personas simplemente pierden la claridad de sus propósitos. La conformidad es un enemigo del que hay que estar al tanto para no caer.

. . .

¿Cuál es el dolor? ¿Qué placer debería darte el hacer más dinero del que ahora tienes?

Si siempre estás infeliz y aunque escarbas profundo en tu vida para encontrar felicidad no lo logras, ¿para qué seguir esforzándote?

Quizá se deba a que quieres tener menos estrés y más días bien vividos. Quizá quieres ser más feliz porque sientes que ya no estás en un estado saludable. Escribe acerca de eso.

Tener un propósito es tener poder. Lo que es aún más poderoso son tus relaciones. Tal vez quieres ganar más dinero para que tu familia lo disfrute.

Tal vez quieres devolverles a tus padres todo lo que te dieron. Hazlo por algo o alguien. Incluso, un propósito personal eleva tu motivación. La ciencia ha mostrado ahora que mientras más competente seas, más motivado estarás.

Por ejemplo, si eres un vendedor que logra hacer sólo una o dos ventas por día, y mejoras haciendo cuatro o seis por día, la experiencia irá construyendo también confianza para seguir superándote.

· · ·

Nadie puede quitarte eso. dicho de manera más sencilla, la motivación intrínseca te atraerá a lo que deseas como un imán.

Aquí tienes un ejemplo de lo que deberías pegar en un lugar visible como tu pared, relacionado a tu meta del año:

- Ganar $2000 al mes, escribiendo 8 artículos de $250 para uno o dos clientes.

- Por qué esta meta es importante para mí:

1. Quiero poder trabajar donde sea que quiera.

2. Debo pagar mi deuda para poder empezar a ahorrar dinero para mí y empezar a invertir.

3. Escribir es mi arte y quiero ganar dinero haciendo lo que hago.

La clave principal para hacer surgir tu motivación

. . .

Después de escribir tus metas y las razones para seguirlas, hacer surgir la motivación significa simplemente ver tus notas cada mañana. Eso es todo.

Ese es el primer paso para hacer surgir tu motivación: conectar emocionalmente con tu meta principal y tu propósito a primera hora de la mañana, y vivir tu vida con esa idea en tu mente para tener una visión clara de lo que quieres hacer.

Sostener la motivación

Cuando tienes clara tu meta principal y ya has anotado las razones por las que es necesario cumplirla, necesitas mantener la motivación inicial. Lograrás eso adquiriendo concentración.

Una vez que estás concentrado, la motivación se sostiene. Suena sencillo, pero la pregunta es ¿cómo empezar a concentrarse?

Lee lo siguiente de manera lenta y cuidadosa: cuando tu mente no es capaz de ver que estás progresando y no puede ver que cada vez te acercas más y más a tu meta, tu corazón se detendrá.

· · ·

Tu pasión muere. Tu motivación muere. Por último, tus sueños nunca lograrán manifestarse en la realidad. Aquí te traigo un antídoto para eso...

¿De dónde surge la concentración? Sólo necesitas una palabra: acción. Es a través de acciones consistentes.

Una vez que des el primer paso y avances, ya estás logrando un progreso, y si estás realizando al menos tres pequeñas tareas que aporten a tu meta cada día, liberas dopamina y eso se refleja en tu comportamiento.

Ahora estás concentrado. Ahora estás motivado. Una vez que tengas esa concentración, la motivación se sostiene.

Dicen que es más fácil recanalizar un río que detenerlo. La concentración es clave para sostener la motivación y dirigirla hacia donde necesites.

Es porque ahora tu mente puede ver y entender que estás logrando un progreso, y que te acercas a la meta deseada.

Tu corazón estará exaltado de emoción y no tendrás intenciones de detenerte.

. . .

Estás motivado porque escribiste ese artículo que te hará ganar dinero incluso cuando no tenías el ánimo. Estás motivado porque acabas de diseñar tu primer logo hoy. Estás motivado, y todo gracias a esa única palabra: acción.

Con todo lo anterior dicho, podrás pensar que no es posible empezar debido al abatimiento que sientes ahora, que es debido a eso que estás desmotivado y que, aunque sabes que todo se trata de tener acciones y conocer tus propósitos y ambiciones, no eres capaz aún de limpiar tu cabeza de todas esas dudas para poder empezar tu recorrido.

La respuesta a eso es la siguiente: las personas nunca avanzan porque no saben que existen los 6 pasos secuenciales para alcanzar la máxima concentración. Significa que no tienen claro cuál es el primer paso que deben tomar y eso les incapacita para alcanzar sus metas. No tienen idea de lo que son los 6 pasos secuenciales que necesitan para producir.

A la motivación le encanta que te enfoques

Mantener todo dentro de mi cabeza fue una de las mayores pérdidas de tiempo que he tenido. Estaba escribiendo mi lista de pendientes y me di cuenta de que, si no tomaba acción en ningún momento, en realidad no iba a poder avanzar.

Se debe a que, a diferencia de los grandes iconos del mundo que han producido obras de arte, yo nunca tuve el enfoque necesario.

La motivación ama el enfoque. La motivación nunca estará ahí si te encuentras estresado y ansioso cuando haces las tareas.

Cuando tu mente está tratando de hacer varias cosas al mismo tiempo, tu energía se desgasta. Estarás agotado o harto muy rápido, te lo garantizo.

Muchas personas están ansiosas porque priorizan todas sus tareas de manera equivalente, y eso perjudica su motivación y su energía. No hay necesidad de hacer eso. ya te he contado el secreto: simplemente se trata de escribir claramente tus 6 pasos secuenciales para tener la máxima concentración.

Si no sabes cuáles son tus 6 pasos, sigue un modelo a seguir que haya cumplido con una meta similar a la tuya, no es necesario empezar de cero. Investiga, incluso pregunta directamente cómo realmente logró cumplir su objetivo y organiza su experiencia en 6 pasos secuenciales.

· · ·

Para liberar tu cabeza y no sentirte abrumado, para activar tu enfoque máximo y preciso (que es la clave principal para el éxito), céntrate únicamente en el paso 1 primero. Recuerda que la palabra clave aquí es "secuencial", no intentes hacer más de una cosa a la vez.

Ya que tienes esos 6 pasos identificados y escritos claramente en una gran hoja de papel, no tendrás que volver a preocuparte por perder una nueva oportunidad, o preocuparte por no saber si estás haciendo algo que no es una prioridad para el cumplimiento de tu meta.

Con esta nueva mentalidad, eliminas todo el estrés al fragmentar tu meta en esos 6 pasos claros. Y recuerda: la claridad alimenta la motivación.

Sólo tienes que hacer cada paso de manera individual, sin apresurarse ni sobreponerlos. Realízalos secuencialmente. Hasta que no hayas terminado con el paso 1, no empieces el paso 2. Enfócate y concéntrate.

Un paso a la vez. Esa es la clave para tomar acción. Todo se trata de establecer un plan de batalla. Es estar preparado en el campo de batalla.

· · ·

Así es como tomas acción. Así es como obtienes concentración.

Ahora, cada día, espero que tengas una planeación de trabajo que te ponga en estado de motivación porque, para sostener la motivación, necesitas tener estructura.

Después, te daré una rutina mañanera o una estructura de planeación para el trabajo, pero por ahora, déjame darte unos valiosos consejos acerca de lo que tu preparación de trabajo debe incluir, y más técnicas que te ayudarán a sostener tu motivación.

Técnicas para sostener tu motivación

Movimiento de poder

Debes cambiar tu estado físico antes de empezar a trabajar. Puede ser algo sencillo como dar diez saltos o una pequeña flexión de pecho antes de trabajar. Estirar el cuerpo siempre es buena opción.

Incluso puedes animarte a hacer algunas sentadillas o lagartijas.

· · ·

Se ha demostrado por décadas que el ejercicio ayuda a disminuir los niveles de cortisol (hormonas de estrés). Mientras menos estrés tengas, más motivado te encontrarás.

Truco de 5 minutos

Después de ese movimiento de poder, empieza a trabajar en tu meta durante 5 minutos. Por ejemplo, empieza a escribir ese artículo por 5 minutos, no media hora.

Nuestras mentes aman terminar lo que empiezan, así que empezar a trabajar por 5 minutos hará surgir la concentración inicial que te motivará para seguir.

Trabaja 5 minutos y luego parte de ahí para seguir trabajando. Sin darte cuenta, habrás avanzado.

Una vez que tengas un plan de proyecto y que te estés enfocando en tomar acción en el primer paso de 6, tu motivación se sostendrá.

Un truco que me encanta hacer cuando empezaba a sentirme motivado era trabajar sólo por 5 minutos y hacer surgir algo de dopamina en mi cerebro. De esa forma, mantienes la concentración inicial.

La concentración consistente a largo plazo es como se logra sostener la motivación. Para hacer eso, sólo recuerda esta última palabra: motivación.

Estirar tu motivación

El paso final es realmente simple, pero significativo para tener longevidad y estabilidad en el juego. ¿Qué significa estirar la motivación? Estirar tu motivación simplemente significa reflexionar y crecer.

Reflexionar acerca de tus logros y errores y entonces adquirir nuevo conocimiento para crecer. Eso estirará tu motivación hacia adelante.

El aburrimiento mata la motivación, es por eso que leer y aprender puede hacer surgir la buena dopamina que son hormonas de emoción necesarias para que nosotros nos encontremos más motivados y seamos excelentes artistas de nuestras propias industrias.

Lo nuevo le resulta interesante a nuestro cerebro. Recuerda aquella vez que te sentías estancado y desmotivado, y entonces leíste una línea de algún libro y de repente te sentiste mejor. Eso es lo que estira tu motivación.

· · ·

Ahora, puedes usar el aprendizaje para prolongar tu motivación porque, como hablamos anteriormente, cuando conectas con tu meta a la primera hora de la mañana, haciendo progresos y tomando acciones relacionadas a tu objetivo primordial, podrás sostener tu motivación.

Aprender de los libros, cursos y de mentores volverá todo el recorrido más luminoso y emocionante.

Cuando aprendes algo nuevo, te emocionas por implementarlo. En ese estado, te encontrarás teniendo motivación a gran velocidad, al mismo tiempo que disfrutas tus avances.

Un consejo que verdaderamente inspira motivación

Entonces, antes de que lleguemos a los pasos accionables que puedes tomar para estirar la motivación, quiero darte uno de los mayores y más profundos consejos que siempre sigo en mi vida.

Los tiempos difíciles producen la mejor lista de gratitudes.

. . .

Quisiera que mantuvieras esta frase en tu mente, porque habrá veces cuando la motivación simplemente no está ahí. Así es realmente la vida.

Quizá se trate sobre perder a un ser querido. Quizá es cuando parezca que nada está resultando como debería.

Pero nunca debes parar. Nunca consideres ni trates esos malos momentos como errores o fracasos.

Solamente significa que en ese momento no funcionó, son pequeñas piedras en el camino. Los momentos difíciles son en realidad tu lista de gratitudes disfrazada.

Para algunos, lo único que necesitan es motivarse a sí mismos. Cuando están en deuda, simplemente hacen todo lo posible. Cuando su familia les necesita, sólo se entregan y lanzan a ayudar.

Si estás pasando por un momento difícil hoy, deja que eso te sirva de motivación. Nadie necesita que estés frente al campo de batalla todo el tiempo.

Ahora, conforme vas recorriendo tu camino superando aquellas piedras, y vas realizando estos 6 pasos hacia tu concentración máxima, no puedes simplemente tomar acción y no retroceder. Déjame explicarte a qué me refiero con esto.

Para estirar tu motivación, debes detenerte y retroceder cada tarde, cada semana y cada mes para reflexionar y aprender. Preguntarte cómo fue el día de hoy, qué logros puedes repetir la siguiente semana, qué puedes mejorar de este mes.

Otro ejemplo sobre qué es el estirar la motivación es leyendo libros por las tardes. Leer alimenta nuevas ideas.

Leer te propone nuevas formas de ver el mundo y te permite analizar tu vida de una forma diferente.

Además de eso, es bueno registrar por las tardes tus actividades y sentimientos para reflexionar en lo que has trabajado y lo que no. Pregúntate en qué áreas puedes mejorar y apúntalo. Así es como puedes tener grandiosas ideas.

Aspectos esenciales para estirar tu motivación

Reflexión profunda

· · ·

Deconstruir tu éxito, lo que has trabajado, y qué no es significativo para mantener. Para entender, regresemos al ejemplo de escribir por encargo.

Digamos que nadie respondió tu correo electrónico donde aplicaste para escribir artículos y demás textos. Te preguntarás por qué nadie respondió, apunta tus ideas en una lista.

Cuando tengas claridad en qué es lo que puedes mejorar, tu motivación se estirará y crecerá.

Estudio implacable

Esto puede ser leer un excelente libro basado en lo que deseas mejorar de tus reflexiones, tomar un curso digital, o tener un mentor o apoyo que te pueda guiar en ese camino.

Quizá necesites tomar un curso acerca de cómo presentar tu trabajo de escritor por encargo de una manera idónea que atraiga clientes, incluso sobre cómo redactar profesionalmente correos electrónicos, etc.

El ciclo de la motivación

· · ·

Una vez que hayas hecho surgir tu motivación con un futuro emocionante, debes mantener eso al adquirir una concentración consistente. Finalmente, la motivación resurge y crece a través de una reflexión profunda y aprendizaje.

Ya que ejecutes estos tres pasos, te encontrarás en un ciclo de motivación y podrás dominarla. Puedes usar esta estrategia cuando sea y como sea, pues es nuestro trabajo motivarnos a nosotros mismos.

Esta estrategia es realmente sólo de 3 fáciles pasos como verás en el siguiente capítulo, donde te enseñaré un resumen preciso y muy útil.

Sin embargo, la preparación es muy importante como en los demás casos que hemos mencionado en capítulos anteriores, como establecer una meta específica y razones lo suficientemente fuertes en la pared de tu oficina, especialmente identificando tus 6 pasos secuenciales hacia la concentración.

Después de eso, motivarte a ti mismo cada día sólo dependerá de estos 3 sencillos pasos.

6

Los 3 Pasos Fáciles y Resumidos Hacia la Motivación

1. Haz surgir tu motivación (claridad es poder): conecta emocionalmente con tu meta y propósitos como primera actividad de tus mañanas. Un experto en la motivación experimenta la meta principal en su mente, antes de incluso alcanzarla. Mentalizarse para lograrlo.

2. Mantener tu motivación (concentración es poder): empieza la concentración. Trabaja en tu meta por sólo 5 minutos para empezar a tomar una acción inicial. Un experto en la motivación sabe cómo adquirir la concentración que necesita para mantener su motivación durante todo el día.

3. Estira tu motivación (crecimiento es poder): reflexiona a partir de la revisión y crece a partir del aprendizaje. Un experto en la motivación es humilde y capaz de reflexionar y reconocer cuál es su potencial de crecimiento.

Consejo principal para manejar la motivación a largo plazo

Estructura tu día con esta estrategia poderosa de tres pasos y tu motivación subirá permanentemente.

Incluso tengo técnicas en dos capítulos dedicadas a instalar este proceso de 3 pasos en tu rutina de vida diaria más adelante en este libro.

Pero lo que te he mostrado en las páginas anteriores son las estrategias principales, suficiente para guiarte a que te conviertas en un experto de la motivación a largo plazo.

Una vez que pongamos esto a trabajar, nosotros como creativos, podemos construir un hábito que se hará presente y tendrá impacto por el resto de nuestras vidas: la habilidad de motivarnos a nosotros mismos donde sea y cuando sea que lo necesitemos.

Sólo recuerda estas tres palabras: surgir, mantener y estirar.

Ese es todo el modelo para convertirte en alguien altamente motivado cada día.

· · ·

Más allá de eso, todavía puedes sentir la motivación inicial por semanas e incluso por meses.

Pero en el largo recorrido hacia tu meta, puede que pierdas tu motivación y no saber por qué, debido a los errores más comunes que estoy por mencionar en los próximos dos capítulos.

Quiero que estés consciente de todo esto, porque puede que llegues a estar motivado por semanas o meses y aun así sentirte vacío al mismo tiempo. Sí, les sucede seguido a muchas personas exitosas que pierden su voz y su pasión a la mitad del camino.

Aquí tengo una frase que quiero que recuerdes: la motivación sin realización es sólo un trabajo estresante sin pasión.

Lee eso de nuevo y date cuenta de lo profundo que es. Con el proceso de 3 pasos que has descubierto hace un momento, puedes forzarte a ti mismo para estar motivado y hacer el trabajo.

7

Un Ambiente Adecuado Para La Motivación

PARA PODER REALIZAR EXITOSAMENTE todo este proceso y sentirte altamente motivado durante un largo periodo de tiempo, es necesario que todo a tu alrededor colabore con tu intención. Si te encuentras rodeado de distracciones, desorden y no eres capaz de distinguir tus horarios y espacios de trabajo, difícilmente podrás trabajar los 3 sencillos pasos que he mencionado.

Aquí te doy varios consejos para mantener una distancia saludable entre tu vida cotidiana y tu horario de trabajo o creación. Por supuesto, estos aspectos se pueden adaptar a tu estilo de vida y a las necesidades particulares de tu profesión o meta.

1. Crea un entorno de trabajo en casa

. . .

Si tu idea de trabajar desde casa consiste en sentarte en la cama o frente al televisor con tu laptop, es poco probable que seas muy productivo. Si tienes una habitación libre o un estudio para usar como espacio de oficina, lo ideal es guardar allí todo lo relacionado con el trabajo. Crear un entorno de trabajo puede llevarte al espacio adecuado que necesitas para trabajar de manera productiva.

2. Vístete para el trabajo

Aunque puede ser tentador quedarse en pijama, asegúrate de vestirte y prepararte para tu jornada laboral. Esto te hará sentir más despierto y listo para afrontar el día, después de unas horas de estar sentado en tu cama, probablemente comenzarás a sentirte mareado y menos productivo.

3. Organiza tu día

Si estableces objetivos claros para el día siguiente, es más probable que te mantengas concentrado y cumplas los plazos que tú mismo recomiendas. Recuerda ser realista con los objetivos que establezcas cada día. Usa una lista en papel o una aplicación especial para organizar para crear una lista de tareas que necesitas completar y márcalas a medida que las hayas completado a lo largo del día.

. . .

4. Administra tu carga de trabajo

Si tienes muchas tareas que completar para un proyecto grande, o tienes tareas administrativas acumuladas que aún no has comenzado, puede volverse estresante. Si trabajas desde casa y te tomas este tiempo de tranquilidad para completar algunas tareas administrativas, intenta separarlas en partes manejables para completarlas durante el día o la semana. Planificar y mapear tu carga de trabajo de esta manera debería evitar que te sientas abrumado y pospongas tus pendientes.

5. Date descansos

Los descansos son importantes para impulsar la productividad. Si no te das tiempo para descansar y recuperarte durante el día, es posible que te agotes por la tarde. Asegúrate de tomar un descanso completo para almorzar y trata de mantenerte alejado de tu computadora también durante este tiempo. Te sentirás rejuvenecido cuando regreses a tu escritorio para afrontar la jornada laboral completa.

6. Recompénsate

Puede motivarte saber que necesitas completar una tarea y enviársela a tu jefe en una fecha límite determinada, pero para aquellos que no trabajan para nadie (como es el caso de muchos artistas y creadores de contenido), debes tratar de encontrar formas de recompensarte al final de cada tarea o día. Este pequeño impulso puede darte lo que necesitas para pasar al siguiente trabajo y mantener tu motivación.

¿Cuánto afecta tu organización (o la falta de ella) a tu productividad?

Mucha gente dirá que es fantástico tener sistemas, pero si la creación de sistemas te impide realizar las tareas necesarias para hacer crecer tu negocio o mejorar en tu profesión, ¿son realmente útiles? En realidad, sí lo son, pero se tienen que adaptar a la meta específica que quieres alcanzar.

Conozco gente que funciona mejor en el caos. Personalmente, trabajo mejor cuando estoy organizado. Exploremos los beneficios de estar organizado para entender mejor por qué la organización es tan importante.

Es menos probable que sueltes la pelota

Si todo tiene su lugar y se archiva después de completarlo, es menos probable que te caigan las bolas importantes. Tu sistema (cualquiera que sea) debería asegurarse de que cruces tus t y puntees tus i.

Si, en cambio, estás acostumbrado a tener pilas de papeles y archivos esparcidos, es posible que no recuerdes hacer alguna tarea o cumplir con algún pendiente. ¿Cuántas películas has visto en las que una tarea importante se deja sin hacer debido a una presentación incorrecta o porque está enterrada en una pila de papeles? ¡Es una historia bastante común por una razón!

Muchas personas ya no tienen papel, por lo que ya no tienen archivos en papel. Sin embargo, todavía puedes estar desorganizado y sin papel en mi libro. Si no está acostumbrado a tener un sistema de archivos en línea (o uno para la bandeja de entrada de su correo electrónico, por ejemplo), es fácil perder el foco y dejar tareas importantes sin hacer o correos electrónicos sin responder.

Encontrar un medio feliz

Como todo en la vida, te conviene intentar encontrar ese medio feliz; para lograr un equilibrio entre los dos extremos del desorden caliente desorganizado y la organización incorrecta o no apta para tu estilo de vida. La forma más fácil de comenzar es mirar tu escritorio (o tu bandeja de entrada) para aclarar en qué campamento te encuentras, ¡como si ya no lo supieras!

. . .

Si tienes todos los sistemas, pero tienes dificultades para hacer crecer tu motivación, puede que sea el momento de bajar el tono. Es posible que debas dejar pasar algunas cosas para hacer las cosas necesarias para obtener nuevos logros en la puerta.

3 pasos para organizarse más

Si, por otro lado, tu escritorio se encuentra en un desorden inevitable, podría tener sentido organizarse un poco más.

Esto es cierto tanto en línea como fuera de línea. Aquí hay tres sencillos pasos para organizarte más de lo que estás ahora:

1. Aplicar una política de bandeja de entrada cero

Bandeja de entrada cero significa limpiar tu bandeja de entrada todos los días. Eso significa que ya te ocupaste, hiciste un plan para tratar o archivaste/borraste todos tus mensajes nuevos. Hacerlo crea una pizarra mental limpia y libera la capacidad intelectual para abordar otras tareas o terminar tu jornada laboral sintiéndote productivo.

. . .

Si tienes una gran cantidad de mensajes atrasados en tu bandeja de entrada (que aún necesitan tu atención de alguna manera), te sugiero aplicar esta mentalidad a cualquier correo electrónico nuevo y abordes una parte de los viejos (los más antiguos primero) a la vez. Toma el total que necesitas para pasar y divídelo por la cantidad de días laborales en los que te gustaría lograrlo. O lograr una cita pasada a la vez. Ambos pueden funcionar bien.

Intenta implementar la "regla de un clic" y responde, archiva o descarta cada correo electrónico. Esto te ayudará a ser más eficiente, ya que sólo (en teoría) tocarás cada correo electrónico una vez. Recuerda, el objetivo es el progreso, no la perfección.

2. Establece un sistema de archivos

Esto se puede hacer en línea y sin conexión. Cuando trabajaba en mi oficina, tenía una carpeta de manillas física con cada día de la semana en él. De esa manera, podía archivar tareas cuando necesitaba (o quería) completarlas. También tenía archivos para "la próxima semana" y "el próximo mes". Algunas cosas no se pueden hacer de inmediato, pero debe recordar hacerlas. Esto funcionó bien para mí y sigo empleando esta estrategia con la organización de mi escritura y mis libros.

· · ·

Puedes configurar esto a través de carpetas de correo electrónico individuales u otro programa en línea. Alternativamente, usa alguna herramienta que ofrezca un sistema de archivo (determinado por ti) y la capacidad de asignar una fecha de vencimiento a cada tarea. Automáticamente puedes ver las tareas filtradas por tipo de archivo (administración, personal, finanzas, etc) o por día, semana o mes.

3. Limpia tu escritorio físico todos los días

Si trabajas en una oficina o en tu casa y tienes un escritorio, esta es una excelente manera de terminar cada día de trabajo. El desorden físico puede igualar el estrés mental. Si dejas tu escritorio desordenado todos los días, es posible que te resulte más difícil pasar del modo de trabajo a un estado de relajación en el frente del hogar. Además, empezar el día con un escritorio desordenado puede desmotivarte incluso antes de poder trabajar.

Personalmente, establezco todas las tareas físicas que tengo (además, tengo carpetas de archivos que dejo abiertas en mi computadora de tareas de las que necesito hacer un seguimiento) para completar ese día. Si queda alguno (y seamos honestos, ¡casi siempre lo hay!), Entonces reevalúo su nivel de prioridad con mi horario para el resto de la semana.

. . .

Si el resto de mi semana está bastante ocupado, es posible que posponga las tareas no urgentes para la semana siguiente (en mi "carpeta de la próxima semana"). Si, en cambio, mi semana es liviana, simplemente cambiaré lo que queda al día siguiente o dos.

Mucha gente que conozco escribirá una lista de tareas físicas al final de cada uno de sus días. Esto permite comenzar el próximo día de trabajo enfocado y en sintonía con lo que debe hacerse, en lugar de luchar esa mañana para determinar qué debe hacerse ese día.

Si eres como yo, estás más concentrado y motivado por la mañana / al comienzo de tu jornada laboral. Si demoras la apertura de tu bandeja de entrada (una estrategia probada de otros emprendedores exitosos) de inmediato y te concentras en tus tareas principales, es más probable que las hagas y te sientas productivo desde el principio.

Ahora que tienes estos consejos adicionales para organizar tus espacios de trabajo, debemos entrar a un tema muy importante: los dos errores más grandes que se pueden cometer con relación a la motivación.

8

El Primer Error Peligroso Que Hay Que Evitar

Puede que estés brincando de la emoción ahora debido a que has realizado los ejercicios que te he mostrado en los capítulos anteriores e hiciste surgir la motivación inicial que estás sintiendo en este momento.

Pero considero necesario hacer la advertencia acerca de estos dos errores peligrosos relacionados con la motivación a los que puedes estar cayendo, porque puede provocar que te caigas y pierdas esa sensación de progreso.

Aunque has superado ese simple proceso de 3 pasos, desafortunadamente, puede que aún te sientas desmotivado. Sin embargo, no debemos preocuparnos.

Puede que simplemente estemos cometiendo estos dos errores.

Para conocerlos, vamos a examinar el primer error que hay que evitar: se llama insatisfacción post logro.

Tener la motivación inicial es genial. Cuando empiezas una nueva carrera o tu energía se está regenerando, es realmente solo un juego psicológico.

Sin embargo, llegarás a una insatisfacción justo después de que alcances tu meta. Es por que ya estás ahí, ya no hay más retos. Ya has logrado tus ambiciones.

Seguramente ya has tenido esa experiencia. Quizá después de lograr alguna meta relacionada con tu estabilidad financiera o de salud y te preguntaste "¿esto es todo?". Probablemente disfrutaste más el recorrido que estar en la cima de tu logro.

¿por qué sucede eso? se debe a que, como humanos, intrínsecamente, estamos hechos para crecer continuamente y ampliar nuestras habilidades con el paso del tiempo.

Recuerda cómo tener una mentalidad de crecimiento y aprendizaje está ligada a tu motivación. Esa es la razón científica del por qué. Esa es la razón por la que una persona exitosa es capaz de leer 5 o 6 horas al día.

· · ·

Los creadores reconocidos mundialmente por su éxito, una vez que alcanzan su objetivo, una vez que producen su obra maestra, establecen otra meta porque eso es lo que mantiene viva su pasión por la vida, para crecer y crear más cosas. Es el hambre de expandir su arte y continuar en la búsqueda de ser expertos.

Piensa acerca de tu carrera y misión primero. Reflexiona acerca de qué podría mantener tu motivación por el resto de tu vida, qué cosas te gustarían crear más adelante, cuál es el siguiente nivel para ti. Apunta todas aquellas ideas que tengas relacionadas con esas preguntas.

¿Cuáles nuevos proyectos creativos te emocionas por realizar? Escríbelos en una lista en orden de dificultad. Al alzar tus ambiciones, mantienes tu motivación en constante movimiento.

Para que podamos triunfar en nuestras áreas de elección y mantener alegremente esa motivación, he creado otras estrategias que eliminan esos dos errores de los que terminaré de discutir más adelante.

Eso asegurará que incluso antes de alcanzar esa insatisfacción post logro, ya hayas resurgido esa motivación.

· · ·

Pero no sólo es ese error del "artista aburrido" del que debes tener cuidado. Incluso puede que este segundo error desgaste más tu energía y el sentimiento de alivio…

9

El Segundo Error Peligroso Que
Hay Que Evitar

A LO LARGO de los años, me he inspirado en estudiar la ciencia de la motivación, el por qué hacemos lo que hacemos, y el arte de la vida. Se debe a que siempre me he encontrado fascinado acerca de cuáles son las diferencias entre una persona mediocre y una que hace historia.

Desde entonces, estuve obsesionado con la pregunta "¿Por qué hay personas exitosas con depresión?". Eso me dejó pensando acerca de lo que realmente significa el éxito.

Porque ahora sabemos que no todo se trata de dinero (aunque la buena economía es uno de los pilares de bienestar en la vida). Pero el bienestar no depende únicamente del dinero; piensa sobre los momentos más felices de tu vida, siempre girarán acerca de la salud y de lo que te apasiona.

. . .

Resulta que la razón por la que las personas exitosas según los términos sociales terminan deprimiéndose se debe únicamente a que caen en el segundo error peligroso en la motivación: el pozo vacío.

Cuando digo "peligroso" me refiero a que es un verdadero peligro para tu cuidado personal, tu carrera, tu vida espiritual y tu valor propio.

Dicen que el éxito sin un sentimiento de realización es uno de los errores más graves. Para entender mejor usemos un ejemplo simple y realista: logras ganar mucho dinero, pero haciendo un trabajo que odias, prácticamente es hacer algo que te estresa para poder conseguir algo a cambio.

Por otro lado, ser exitoso y sentirse realizado puede significar que quizá ganes menos dinero, pero haces algo que disfrutas y que te hace feliz. Depende de cada uno tomar una decisión acerca de lo que prefiere vivir, así que te recomiendo experimentar para averiguar qué es lo que realmente te motiva y qué te hace sentir realizado.

Podrás notar que, con el tiempo, aunque estés logrando tus metas y objetivos, tu camino aún puede sentirse deprimente.

. . .

Cuando sientas que te sientes acorralado, agobiado o estresado, simplemente significa que estás viviendo una vida insatisfactoria que no te hace sentir realizado. Eso no es lo que llamamos una vida legendaria.

Una vida legendaria es aquella donde producimos trabajo del que estamos orgullosos y que nos hace sentir emocionados. Una vida legendaria está repleta de almas que tocamos a lo largo de nuestros caminos. ¿no es acaso eso lo que llamamos el jugo de la vida?

Para eliminar estrés, ajusta tus expectativas

Además, incluso cuando estamos siendo apasionados con lo que hacemos, los problemas siempre aparecen en nuestra cabeza, ¿no es así?

Probablemente se deba a que estamos aferrados al futuro y esperamos lograr nuestra meta en una fecha límite que realmente no es realista o preferible.

Si realmente sientes y crees que lo que estás haciendo es una misión personal y es tu pasión, quizá lo único que necesitas hacer sea ajustar tus medidas de éxito para convertirte en una persona más feliz y paciente.

· · ·

Eso es todo. Así es, eleva tus ambiciones, pero ajusta tus expectativas. Préstale mucha atención a lo anterior dado que es un punto crítico para poder amar tus momentos creativos en tu largo recorrido.

No manejes en el vehículo de los demás

Algunas veces, es el vehículo incorrecto el que estás manejando. Sí, es posible que estés en el vehículo equivocado.

¿A qué me refiero con eso? Puede ser que tu carrera sea el área de tu vida que te estresa más.

Puede que seas un artista, pero realmente no lo amas y te intereses más por ser un ejecutivo o algo así.

Por otra parte, puede que trabajes por encargo como diseñador, pero lo que en realidad deseas es ser un conductor de radio y ganar dinero de la publicidad.

El secreto está en experimentar. Si no encuentras felicidad en tu carrera, cambia. No hay nada de malo en eso, sería peor quedarte estudiando o trabajando en algo que no te da satisfacción.

• • •

Recuerda, esos momentos deben de ser aquellos que aparezcan en tu lista de gratitud.

Una prueba de que la pasión es el combustible de la motivación

Como sabes, soy una especie de científico loco y estoy obsesionado con el estudio de las personas y los productores más grandiosos del mundo. Así que quedé asombrado cuando descubrí que un hombre millonario seguía trabajando a tiempo completo cuando tenía 89 años. Es casi inimaginable, y eso se debe al poder de la pasión. ¿Ves hasta dónde te puede llevar la pasión?

Esa es la importancia de dominar el arte de la motivación. Lo que quiero transmitirte es que, si tienes 20, 30 o 60 años y todavía no has encontrado tu pasión o tu "propósito de vida", te diré que está completamente bien. No es un problema y no debes sentirte angustiado por eso.

Soy un autor y todos los días me despierto emocionado, pero sé que eso puede cambiar algún día.

Lo que te estoy sugiriendo es que nunca te asustes por la opinión de otras personas cuando estés pensando en cambiar tu carrera o tu trabajo.

Escribir y aprender sobre la profundidad de nuestros pensamientos es lo que me satisface todos los días. Siempre me fascinaba cómo un autor podía ser capaz de escribir una oración de cierta manera y me inspiraba, y es también por lo que decidí empezar a escribir.

Esa es la manera en la que expreso mis pensamientos y sentimientos. Además, disfruto mucho de indagar en las mentalidades y los propósitos de aquellas personas que han marcado un cambio significativo en el mundo. Mi mayor obsesión es poder descubrir qué es lo que los hace especiales.

Eso no tiene nada que ver con lo que otras personas digan y opinen sobre mis pasiones, ya sea de manera negativa o positiva. Mis errores futuros son míos, mis equivocaciones son mías.

Y realmente espero que esto te inspire a encontrar tu propia pasión también, y mantenerla si te encuentras realmente feliz con eso.

La pasión es el inicio de una vida feliz. Estoy agradecido, estoy feliz con lo que hago y me despierto cada día motivado porque mis ambiciones y propósitos son claros para mí.

· · ·

Ser felices es lo que realmente buscamos ganar en esta vida, ¿no? Felicidad y paz. Es por eso por lo que es de vital importancia dar un paso atrás y reflexionar si te sientes muy abrumado por tu carrera o profesión, si estás simplemente fatigado por el estrés.

También existe la posibilidad de que estés en la carrera o profesión equivocada, te darás cuenta. Tienes que averiguar qué es lo que provoca esa decaída de tu motivación. Recuerda, la claridad trae dominio.

Mi invitación para ti es que veas este proceso como tu camino para descubrir qué es lo que realmente amas hacer, si es que aún no lo has descubierto.

Una estructura que siguen las personas más felices del mundo

Te estoy animando a seguir la estructura del capítulo siguiente que yo mismo he diseñado para que puedas entender visualmente cómo es mantenerse motivado mientras tu vida se llena e ilumina de un sentimiento de realización y alegría.

Yo creo firmemente que ese sentimiento de realización puede darle el sentido necesario a la vida para sentirse más motivado por siempre. Eso se debe a que el logro es una cosa, pero la realización lo es todo.

Nunca hay que perder la emoción. Ya sea que tengas 20, 30 o 60 años, te invito a buscar una construcción de vida a partir de la pasión, a pensar en grande y ser un artista de tus días.

La estructura del siguiente capítulo está realmente inspirada por esa ideología, y no puedo esperar a que lo veas.

Lleva a cabo esta estructura, de la que estoy verdaderamente orgulloso y emocionado de mostrarte, y observa cómo tu vida se desenvuelve en su belleza natural y alegría incondicional, e incluso, te ofrece una motivación ingobernable.

10

Profundizando Acerca De La Pasión

ENTRE LOS RASGOS y habilidades que conducen al éxito, la pasión es única. A diferencia de la habilidad, el conocimiento u otros factores, la pasión es innata: no se puede aprender ni adquirir, pero siempre está presente. La pasión, un impulso abrumador para alcanzar las metas propias, es el único factor que une a todas las personas exitosas en igual medida.

La pasión impulsa el trabajo arduo, la determinación y la creatividad que hacen posibles los grandes logros. Los novelistas exitosos, directores de cine, científicos, directores ejecutivos, atletas de clase mundial y otras personas que se han elevado a la cima de sus campos poseen una profunda motivación que les brinda los medios para trabajar extraordinariamente duro en algo, incluso cuando no se sabe cómo, cuándo, e incluso si disfrutarán de recompensas por sus esfuerzos.

. . .

Debido a que la pasión no se puede enseñar ni fingir, los reclutadores deben poder identificar a los candidatos verdaderamente apasionados de manera confiable. Esta no es una tarea fácil, especialmente porque las personas a las que les apasiona conseguir un trabajo pueden no necesariamente sentir pasión por hacer ese trabajo una vez que lo tienen.

Pero la capacidad de identificar la pasión genuina es fundamental para poder contratar a los mejores candidatos posibles.

La pasión se correlaciona con el deseo y la capacidad de una persona de ir más allá del llamado del deber para lograr resultados superlativos. Claramente, los empleados apasionados contribuyen más a una organización. La pasión también es un indicador del éxito futuro de una persona.

Incluso si el currículum de alguien marca todas las casillas correctas (por ejemplo, buena universidad, experiencia relevante, personalidad compatible), la ausencia de una pasión genuina significa que él o ella podría terminar fácilmente como un empleado promedio o incluso por debajo del promedio.

A pesar de su importancia, la pasión sigue siendo una habilidad difícil de definir.

. . .

Intentar identificar la pasión es un poco como tratar de identificar la motivación: la clave es averiguar el "por qué" en lugar del "qué". ¿Por qué alguien logró lo que hizo? ¿Un individuo en particular está motivado por el dinero, el reconocimiento o algo completamente diferente? ¿Alguien prospera resolviendo problemas complejos? ¿O en ser parte de un equipo y ayudar a otros? Encontrar las respuestas a estas preguntas puede ayudar a un reclutador a determinar qué tan bien se alinea un candidato con una organización.

Si un reclutador identifica correctamente en un candidato el 90% de las habilidades clave necesarias para prosperar en un puesto, pero ofrece el trabajo a alguien que no tiene suficiente pasión por él, el resultado podría ser una mala contratación, aunque el candidato lo haya hecho. las calificaciones "oficiales". Por lo tanto, corresponde a los reclutadores aprender qué pasiones predicen más el éxito en varios roles, comenzando por hacer las preguntas correctas.

Desde la pantalla del teléfono, pregunte a los candidatos sobre sus objetivos para descubrir qué los impulsa. ¿Están orientados al equipo o son más individualistas? ¿Se centran en el largo o en el corto plazo? ¿Qué les importa cuando se trata de trabajar? ¿Qué les hace levantarse por la mañana? ¿Qué les da satisfacción? Las respuestas de un candidato a estas preguntas pueden proporcionar información crucial sobre cómo se desempeñará dentro de la cultura laboral y las expectativas de la organización.

· · ·

El trabajo rara vez es fácil. Tener éxito en el trabajo requiere la voluntad de apretar los dientes, cavar profundo y esforzarse cuando las cosas se ponen difíciles. También significa no dejar de esforzarse cuando algo no funciona como se esperaba o no se esperaba. La pasión puede ayudar a las personas a superar estos obstáculos, otra razón por la que es un rasgo deseable entre los candidatos exitosos.

Independientemente de la industria, la trayectoria profesional o el nivel de talento de una persona, inevitablemente encontrará algún fracaso y es posible que no logre el éxito durante años. El camino hacia el éxito se parece más a un zigzag que a una línea recta, y lo bien que esté preparado un candidato para soportar, aprender y superar los reveses determinará su desempeño.

Identificar cómo los candidatos responden al fracaso es esencial para identificar su capacidad de recuperación. Las personas que enfrentan el fracaso evaluando y adaptándose tienden a verlo como una oportunidad para aprender y mejorar. Pero responder positivamente al fracaso es imposible para las personas a quienes no les importa lo suficiente por qué están haciendo lo que están haciendo en primer lugar. La pasión es lo que genera el deseo de aprender, volver a intentarlo y hacerlo mejor la próxima vez.

La pasión es el combustible que inspira e impulsa a las personas hacia objetivos específicos, sin importar cuán improbables o difíciles puedan ser. Genera el entusiasmo necesario para superar los mayores obstáculos y superar los desafíos más difíciles. Inspira lealtad, trabajo en equipo, trabajo duro y, finalmente, éxito.

11

Una Estructura Icónica para Evitar los Errores en la Motivación

LA MAYORÍA DE LAS PERSONAS, si tienen una concentración imparable, cuando se encuentran cerca de lograr su meta principal, dejan de soñar de nuevo. Dejan de crecer y se preguntan si han perdido su motivación. Se encuentran sufriendo del efecto "¿y ahora qué?". El secreto está en tener longevidad con tu motivación, establecer la siguiente meta inmediatamente para que no se corte el flujo de concentración.

Antes de que establezcas tu siguiente meta

No se trata de estar aferrado a la meta, no es solamente por el bien de alcanzar más, sino que tener objetivos más grandes te permiten jugar por más tiempo en la cancha y disfrutar más la vida porque estás creciendo y teniendo un progreso.

. . .

En quién nos convertimos, nuestras experiencias, los resultados de los que nos sentimos orgullosos de producir, y las personas a las que inspiramos en el camino es realmente lo que importa al final del día.

Practica lo que predicas

Entonces ya sólo repites el proceso de hacer surgir la motivación, mantenerla y estirarla, incluso si cambias tus metas a lo largo de los años, los principios se mantendrán de la misma manera.

La clave es establecer la nueva ambición antes de lograr tu meta anterior. Así es como el ciclo de motivación nunca muere, al seguir la estructura, estableciendo la próxima meta antes de alcanzar la anterior.

Así es como evitas el primer error peligroso relacionado con la motivación. No esperes a llegar al final de tu meta. Establece la siguiente de inmediato. Por otra parte, para evitar también el segundo error peligroso, debes evitar repetir el ciclo de motivación sabiendo que no te encuentras satisfecho con lo que haces o no te apasiona lo suficiente.

Esto último puede sonar algo confuso e incluso contra intuitivo, así que profundicemos sobre el tema un poco más...

La satisfacción lleva a una motivación permanente

El sentido de realización y la satisfacción con uno mismo juega uno de los papeles más importantes aquí, como ya hemos mencionado antes. Quizá ya hayas intentado esto, empezar un proyecto apasionante pero después darte cuenta de que no estás satisfecho con él.

Por ejemplo, para mí, bailar, cantar y hacer deporte no funcionaron. Y encuentro alegría y satisfacción siempre que escribo, con mi propósito de guiar a los artistas y creativos a empezar sus sueños incluso si se encuentran asustados, y crear una nueva vida que se desenvuelve a partir de sus propios términos.

Una razón por la que la mayoría se encuentra deprimido es que simplemente no aman lo que hacen. No les llena, no les emociona. No amplía el autoestima para ser mejor, para dar más.

Algunos se encuentran haciendo todo por su cuenta, y no tienen una comunidad o una persona que les apoye o mantenga en el progreso. No tienen algo que les haga tener una motivación personal o una intención hacia los demás.

· · ·

Como hemos hablado anteriormente, si estás esforzándote por alcanzar una meta pero en realidad no te apasiona ni te satisface lo que haces, intrínsecamente, la motivación no llegará. No es posible que surja cuando en el fondo no deseas hacerlo.

Es por eso que tus metas deben ser llevadas hacia un proceso de satisfacción. Toma un vehículo en el que te sientas más cómodo y puedas disfrutar el viaje, no sólo que te lleve a tu destino.

Siempre recuerda que nunca fallas, siempre estás un paso más cerca hacia lo que es correcto para ti.

12

Estrategias y Sistemas Efectivos para el Manejo de la Motivación

Organizar tu vida y tu tiempo desde adentro hacia afuera comienza con la comprensión de dos factores críticos:

Tu único objetivo. No se trata solo de "ganar dinero" o "lanzar un negocio". Comprender tus objetivos únicos significa saber qué quieres hacer y qué no puedes hacer actualmente.

Tu particular estilo de trabajo. Este es el contexto de tu objetivo. Es la cultura de tu lugar de trabajo, el entorno e incluso las cosas fuera del trabajo las que afectan tu día. Si quieres mantenerte comprometido y motivado para alcanzar tus objetivos, debes conocer y trabajar con tu estilo.

No solo intentes imponer el estilo de otra persona en tu vida.

Recuerda que cada persona es diferente, por lo que hay que adaptar todos los consejos a tu estilo de vida particular.

3 preguntas que te ayudarán a organizar tu tiempo como organizas tu armario

Entonces, ¿cómo funciona la organización desde adentro hacia afuera en la práctica? Usemos la gestión del tiempo como ejemplo.

Muchas de las decisiones que tomamos sobre cómo gastamos nuestro tiempo son emocionales, no sólo prácticas.

Y debido a esto, cualquier sistema de gestión del tiempo debe comenzar con una comprensión profunda de nuestras motivaciones.

Para llegar allí, es importante hacerse 3 preguntas que profundizan en tus objetivos únicos y tu estilo de trabajo.

1. ¿Qué deseas lograr que actualmente no puedes?

En otras palabras, ¿cuál es tu objetivo?

. . .

Tal vez sea para alcanzar tus números si estás en ventas. O establezca una fecha límite en un proyecto en lugar de perderlos constantemente. O tal vez es que quieres tener éxito en el trabajo, pero no si eso significa sacrificar tu vida personal.

2. ¿Entre qué haces malabarismos con tu tiempo?

A continuación, debes aclarar cuál es tu situación actual.

¿A qué obtienes tu tiempo y dónde te gustaría poder gastar más? ¿Cuáles son los grandes "cubos" de tiempo con los que haces malabarismos durante la jornada laboral?

3. ¿En qué dedicas demasiado o muy poco tiempo?

Finalmente, con metas claras y una comprensión de tu sistema actual, es hora de enfocarse en lo que necesita ser arreglado.

¿Dónde pasas demasiado tiempo donde podrías gastar menos? ¿Qué te estás perdiendo que merece tu atención en función de tus objetivos?

. . .

Con una lista en tu lugar, puedes comenzar a organizar tus grupos de tiempo de una manera que funcione para ti.

En tres preguntas, has pasado de una vida desorganizada a saber lo que quieres lograr, las proporciones de lo que menos/más necesitamos y un horario que maximiza nuestro tiempo para las cosas que realmente queremos hacer.

Cómo autosaboteamos nuestro tiempo de trabajo (y qué hacer en su lugar)

La parte difícil de todo esto no es averiguar a dónde va tu tiempo y hacer un plan. Estás ejecutando ese plan. ¿Cuántos de nosotros tenemos grandes visiones de una vida diferente pero luego nos rendimos y volvemos a nuestros hábitos habituales?

"Me despertaré a las 5 de la mañana e iré al gimnasio todos los días antes del trabajo", "no voy a reservar ninguna reunión por las mañanas". Estos son cambios difíciles de hacer. Y no nos hacemos ningún favor cuando intentamos hacerlos.

Como mencioné en otros capítulos, la única forma de alcanzar estos objetivos importantes es trabajar en ellos de manera lenta y constante, día tras día.

Desafortunadamente, incluso si reservamos el tiempo para trabajar en estos cambios, terminamos autosaboteando nuestros horarios de varias maneras.

No nos damos el tiempo suficiente para planificar y programar realmente nuestros días.

Estás atrapado en ser reactivo y no proactivo. Si pasas todo tu tiempo reaccionando ante otras personas y otros eventos, ni siquiera tienes la oportunidad de organizar o anticipar lo que sucederá.

Usamos la tecnología como "el dispositivo de procrastinación más conveniente del mundo". Todos enfrentamos tareas, conversaciones y situaciones difíciles todos los días. Y aunque el correo electrónico y otras herramientas tecnológicas son excelentes para ayudarnos a hacer esto, también pueden interferir.

La meta y los objetivos que te estableces para cumplir tu sueño a veces pueden verse grandes, enormes, y resultar desalentador. Pero el camino para lograrlos se compone de miles de pequeños pasos. Tendemos a centrarnos en dónde estamos ahora y en lo que podemos lograr hoy. Pero a largo plazo, el ritmo del progreso importa mucho más que el punto de partida. Sí, es vital empezar motivado, pero de igual forma lo es poder continuar así en todo el proceso.

A continuación, le indicamos cómo acelerar su ritmo y mantenerse motivado a largo plazo:

Optimizar tu crecimiento para mayor constancia requiere de un sistema.

Para ver el sistema en general, desde el panorama general hasta los pasos individuales minuto a minuto, miro la física.

Existe un concepto conocido como fractal. Es una forma matemática de modelar estructuras en la que todo el patrón general se compone de infinitos patrones similares a escalas cada vez más pequeñas.

Hay un fractal particular que lleva el nombre del matemático que lo describió por primera vez, llamado triángulo de Sierpinski. Imagina un triángulo. Dentro de él, puedes encontrar tres triángulos más pequeños. Y dentro de esos triángulos más pequeños puedes encontrar más de la misma estructura. Y así.

Este es un buen modelo para el camino por delante. Este modelo fractal puede representar una amplia variedad de situaciones.

· · ·

Piense en ello como el camino de novato a experto, que requiere representaciones mentales cada vez más profundas.

Puedes aplicarlo a tu trabajo y progreso creativo, desde las actividades que realizas hoy hasta tu trayectoria profesional definitiva. Y es un gran modelo para los objetivos finales de tu meta.

Simplemente hazlo paso a paso, día a día, ¿verdad? Suena tan simple. Pero la mayoría de la gente no puede mantener ese tipo de concentración diaria durante los meses y años necesarios para alcanzar un gran objetivo. Por eso este fractal es tan útil. Sobrealimenta la motivación al brindar una perspectiva vívida del proceso general y la mentalidad requerida, en tres partes.

1. Vuélvete obsesivo.

Juntos, muchos objetivos más pequeños culminan en algo grandioso. Pero cuando comienza a trabajar hacia una nueva meta, comienza a ver hasta dónde tiene que llegar. La mayoría de la gente finalmente pierde su entusiasmo inicial.

Quizás pensaste que querías aprender un nuevo idioma, pero resulta que la rutina diaria de conjugar verbos y aprender pronunciaciones no es tan divertida como esperabas.

Alcanzar tu objetivo final requiere obsesión. La intensidad a largo plazo necesaria para alcanzar tu meta es difícil de mantener, especialmente durante meses y años.

Debes tener un nivel de dedicación al objetivo general que te permitirá superar las dificultades y los giros equivocados.

Tienes que estar lo suficientemente obsesionado como para trabajar en los pequeños triángulos todos los días sin decidir que el esfuerzo realmente no vale la pena. Ser constante traerá mejores resultados que ser extremadamente motivado únicamente en el principio.

2. Visualiza tu yo futuro.

Entonces, ¿cómo mantienes ese nivel de dedicación y motivación? Creando una imagen vívida de tu yo futuro.

Tendemos a pensar en nuestro yo futuro como una persona completamente diferente, y eso puede distorsionar nuestra visión del trabajo que hacemos ahora.

· · ·

Los pequeños triángulos no parecen tan importantes cuando pensamos que van a ayudar a otra persona.

Tu yo actual puede tener ganas de saltarse la práctica de hoy. Pero mantener una visión clara de tu yo futuro continuamente le recuerda para qué es todo su esfuerzo. Le permite ver dónde encajan sus objetivos a largo plazo en el panorama general. Y ese yo futuro puede ser más que tú. Puede aplicarse a socios, equipos y empresas.

3. Realiza ajustes constantes en tiempo real.

Con una vista del presente y el futuro, puedes ver en tiempo real si tus actividades se están sumando al objetivo final deseado, y puedes corregir el curso según sea necesario.

A medida que continúes avanzando hacia tus objetivos a corto y largo plazo, inevitablemente tendrás correcciones de rumbo. No te agobies ni pienses que estás cometiendo un error, es completamente normal y necesario desviar el camino de vez en cuando por el bien de la meta. Cada acción que realices te proporcionará retroalimentación, te guiará en tu camino hacia adelante y te abrirá nuevos caminos a seguir.

. . .

La experimentación y prueba de estos diversos caminos eliminará algunos triángulos y creará otros nuevos. Y el camino de los triángulos pequeños a los grandes actuará como una brújula, apuntando hacia tu meta final.

Al considerar tu trabajo, por ejemplo, comprende que cambiará drásticamente con el tiempo a medida que tomes diferentes caminos. Estos son caminos que no conocías al principio. Personalmente, solía pasar mis días en profundidad en materiales de investigación. Ahora, como escritor de tiempo completo, mi trabajo se ha orientado más hacia las personas. Tuve que cambiar de marcha y orquestar mi entorno para manejar mi nuevo curso donde mis mensajes son compartidos.

La estrategia que fue perfecta para ti el año pasado o respecto a una meta distinta puede no funcionar este año para esta nueva meta. Pero el triángulo de Sierpinski te permite pensar y organizar tus objetivos, lo que te mantendrá en la dirección correcta.

Es por eso que, el triángulo de Sierpinski es la mejor representación gráfica de un sistema para lograr mantener y organizar tu motivación.

13

La Motivación Surge En La Mañana

ESTE CAPÍTULO y el siguiente tratan acerca de realizar los tres pasos del proceso de motivación en tu itinerario, volviéndolo concreto y eficaz.

Personalmente, considero que estos capítulos acerca de estructurar intencionalmente tus rutinas de la mañana y tus rituales de la tarde te prepararán por completo para disparar esa motivación de manera instantánea y automática.

Ya que la estructura de 3 pasos para la motivación está diseñada en tu itinerario, estar motivado se vuelve un hábito.

¿Por qué es importante despertar la motivación en la mañana?

· · ·

Empieza cada mañana disparando motivación con toda tu energía. Se debe a que es mucho más fácil volver a despertar tu motivación por la tarde en lugar de empezar desde cero cuando gran parte del día ya pasó.

En otras palabras, es bueno tener un primer impulso en la mañana, y luego por la tarde enfocarte en las mejores horas para tu trabajo creativo. Aquí te ofrezco una grandiosa estrategia que te permite empezar tu día y despertar tu motivación para progresar:

· Durante 15 minutos, para hacer surgir tu motivación, haz lo siguiente: observa tu meta principal y establece una conexión emocional con ella, medita acerca de eso, proyecta tu meta. Como un consejo extra, puedes tomar un baño de agua fría o ejercítate para disminuir el estrés y despertar.

· Durante 35 minutos, para lograr el enfoque, haz lo siguiente: trabaja únicamente por 5 minutos, y en el momento en el que sientas surgir la concentración, aférrate a esa motivación alarga el periodo de trabajo por 30 minutos más. Una vez que te encuentres progresando en tu trabajo, podrás continuar por el tiempo necesario y con la misma cantidad de energía y motivación.

Después de que te hayas ejercitado y hayas organizado tu día, es necesario que te des el tiempo para conectarte emocionalmente con tus ambiciones y razones mientras te preparas para empezar a trabajar.

No lo hagas de forma casual o informal. Siéntate durante 10 o 15 minutos y concéntrate en conectarte con tus metas, visualiza el punto al que quieres llegar y mírate entusiasmado en el proceso.

Entonces, es momento de atrapar un momento de concentración para que puedas sostener tu emoción durante todo el día.

Esparce esa dopamina, recuerda que los neurotransmisores se encargan de la inspiración y despiertan con sólo 5 minutos de trabajo. Y por último estira esa motivación para alcanzar la concentración permanente.

Recuerda: las pequeñas acciones ayudan al rendimiento máximo de la concentración.

Creo que tener una rutina diaria es fundamental para la productividad y el éxito. Pero lo que es más importante que eso es tener una rutina matutina. La mañana es tu momento para empezar de nuevo y empezar de nuevo. Cuando la mañana va bien, le da al resto del día impulso y energía.

· · ·

En el primer párrafo de esta publicación de blog, ya he destacado algunos beneficios de tener una rutina matutina.

Pero si sigues leyendo a continuación, te explicaré por qué todos deberían tener una rutina matutina.

Te da tiempo para ti mismo

La mañana es tu momento. Es el único momento del día en el que no te interrumpen las cargas del mundo exterior. Si puedes despertarte antes de que los demás se despierten, tienes esa tranquila soledad para hacer lo que quieras. Esto te da la oportunidad de ponerte al día con las cosas que realmente quieres hacer, reflexionar, salir adelante, hacer lo que quieras.

Cuando comienzas tu día con una rutina matutina, de hecho, estás invirtiendo en ti mismo primero. Esta inversión paga dividendos a lo largo de su día y durante toda su vida.

Le da impulso a tu día y lo hace más productivo

Cuando empiezas bien el día, automáticamente eres más productivo. Comenzar tu día con el pie derecho te da una ventaja para tu día y te permite salir adelante.

Si te despiertas y tienes prisa, estás tratando de ponerte al día y dejar que el día dicte lo que vas a hacer. Pero si te despiertas con una rutina, te estás adelantando y preparándote para el día. Estás actuando, en lugar de reaccionar. Estás siendo proactivo en lugar de reactivo.

Cuando te cuidas primero, te da impulso y motivación para conquistar el resto de nuestro día. Cuando eres capaz de hacer las cosas antes de que la gente se despierte, estás dando pequeñas victorias que se acumulan más tarde en el día.

Ya hablamos de una rutina matutina, pero ¿cuáles son los componentes de una rutina matutina? ¿En qué debe consistir tu rutina para que aproveches al máximo tu mañana y el resto de tu día? Estos son los ingredientes importantes de una rutina matutina:

· Sueño de calidad: el sueño de calidad es, con mucho, el componente más importante de una buena rutina matutina. No querrás despertar sin haber dormido bien la noche anterior. Entonces, ¿cómo te aseguras de dormir bien? Por un lado, me aseguraría de no usar mi teléfono inteligente o computadora portátil un par de horas antes de irme a la cama. La luz azul emitida por los dispositivos electrónicos interrumpe su ritmo circadiano. Además, dormir en la oscuridad total permite un sueño más profundo.

· · ·

Hay una razón por la que el mejor descanso nocturno es siempre en las habitaciones de hotel: usan cortinas opacas para bloquear todas las luces.

· Ejercicio: para maximizar tu potencial durante el resto del día, te sugiero que hagas algo de ejercicio cardiovascular por la mañana. Hacer cardio por la mañana permite que tu cerebro funcione mejor durante el día y con más vigor. También te permite dormir mejor por la noche.

· Ten un plan: debes planificar tu día antes o en la mañana. Si no tienes un plan para tu día, entonces estás dejando que el día dicte lo que debes hacer, no al revés. Me gusta tomarme 15 minutos la noche anterior para escribir lo que hay que hacer al día siguiente. Luego, cuando me despierto, me gusta revisar la lista durante 5 a 10 minutos para prepararme para el día.

· Trabaja en ti mismo: ya sea escribiendo, leyendo, un pasatiempo o un proyecto personal, la mañana es un momento para que trabajes en ello. Eso es lo que quiero decir con trabajar en ti mismo. No esperes hasta la noche cuando estés agotado del trabajo para invertir en ti mismo. Hazlo a primera hora de la mañana. Cuando haces esto, estás más feliz durante todo el día porque has hecho algo que te hace feliz.

· · ·

Le da una sensación de normalidad para aliviar su carga cognitiva

Aunque la espontaneidad puede traer algo de alegría a la vida, también debe haber algo de normalidad en aras de la eficiencia. ¿Realmente quieres despertarte y tienes que decidir qué hacer a continuación todos los días? Seguro que no. Esta sensación de normalidad significa que te despiertas todos los días sabiendo lo que vas a hacer a continuación sin siquiera pensar en ello. A veces, es bueno utilizar el piloto automático.

Estar en piloto automático alivia su carga cognitiva. Después de todo, la energía es un recurso finito. Cada decisión consciente que tienes que tomar supone una carga para tu cerebro y requiere glucosa. Cuantas más decisiones tomes, más cansado estará tu cerebro. Pero si está haciendo las cosas en piloto automático, eso alivia la carga de su cerebro y usa menos energía. Aunque no deberías vivir tu vida en piloto automático, definitivamente creo que tus mañanas son una de las pocas cosas en tu vida que deberían estar en piloto automático.

14

La Motivación Se Magnifica En La Tarde

Muchas personas dicen "trabaja durante 14 horas al día, esfuérzate y rebasa tus límites hasta que estés satisfecho", y es uno de los peores consejos. La mayoría de la gente que está insatisfecha, a parte de sentirse infelices como hemos discutido antes, están simplemente cansadas y fatigadas. Si has experimentado bajones antes, entonces sabes de lo que hablo.

Las largas horas que se sienten geniales al principio, se van empeorando durante la tarde, y desaparece toda tu creatividad y tu energía.

Para que nuestra motivación se pueda magnificar de manera temporal, debemos otorgarle un mayor valor a la palabra "recuperación".

. . .

El error que cometen al trabajar los creativos, emprendedores y demás profesionistas es que no toman descansos de 10 o 15 minutos por cada hora que trabajan.

Cuando estaba practicando escribir, dando todo mi esfuerzo sin tomar descansos, mi visión se volvía borrosa y mi cabeza empezaba a doler, todo eso por no tomar descansos pequeños para recargarme.

Deja clara la transición entre la mañana y la tarde

También, una de las principales claves es tener una buena transición entre el trabajo y el descanso. Puede ser una transición larga como una siesta de 20 minutos, una caminata al aire libre, o meditar porque tu cuerpo simplemente necesita recuperarse de las horas de trabajo, y tú debes estar al tanto de lo que tu cuerpo te pide.

Al final del día, la calidad de tu descanso durante la tarde se dicta por la calidad de tu día. Detente y analiza esto último detenidamente por unos segundos.

Tener esa paz y tranquilidad en la tarde es realmente generada por las horas previas: como administrar tu energía y bienestar durante tus horas de trabajo.

· · ·

Ese sentimiento de orgullo heroico que surge por haber hecho lo mejor durante el día justo antes de irte a dormir, realmente se logra por pasar el día con un corazón alegre y empezar el día motivado.

Así es como la motivación se magnifica en la tarde. A continuación, te daré una breve estructura para lograrlo de forma exitosa:

· Durante 30 minutos, después de trabajar, tómate un momento de recuperación: siesta larga, meditar, o tomar un paseo al aire libre.

· Durante 30 minutos, después de la recuperación, es necesario estirar la motivación nuevamente haciendo lo siguiente: platica con un mentor o guía para compartir el éxito y recibir consejos, o lee un libro que te enriquezca.

La creatividad adora la recuperación. Posiblemente no puedas mantener la motivación cuando te encuentras fatigado. Los niveles de cortisona que son las hormonas de estrés sólo aumentarán; tu positividad se irá apagando con el tiempo.

Así perderás tu habilidad cognitiva para tener ideas brillantes.

Sí, la vida es corta, pero con respecto a tu carrera, es mejor jugar a largo plazo.

Convierte tus tardes en un descanso de la sobreestimulación que es causada por los aparatos electrónicos y las plataformas que actúan como un vampiro hacia tu energía y claridad mental.

Celebra con tu mentor y tu núcleo social, lee y aprende para que más adelante puedas mantener la motivación.

Las 5 reglas claves para tener la motivación de artistas y creativos satisfechos

Ahora quiero dejarte con algunos principios extras, pero profundos que aprendí a partir de mis observaciones de las personas satisfechas, que vuelven a los más grandes íconos del mundo tan motivados a vivir una vida llena de satisfacción.

Estas son mis 5 reglas de motivación para llegar a sentirse satisfecho conforme vas logrando tus objetivos, y espero que te sirvan y aporten una nueva perspectiva acerca de la motivación, así como ayudarte a desenvolver esa valentía para buscar tu meta.

. . .

1. El progreso trae una vida alegre

Nunca dejes de crecer, establece la siguiente meta de inmediato. Hay una razón por la que los billonarios todavía le dedican horas de trabajo a su profesión, los artistas siguen pintando, los escritores siguen escribiendo.

Se debe a que ellos nunca detienen el progreso de crecimiento. Siempre recuerda que el secreto para una vida alegre es la constante búsqueda de la meta.

Siempre despertarás emocionado cada día porque sabrás que algo nuevo va a surgir, y a pesar de los obstáculos, sabes que vas a aprender y crecer más.

2. La recuperación es el secreto de la longevidad

La motivación de un montón de personas cae debido a que están demasiado extasiadas. Ya sea que estén yendo muy deprisa o que se estén enfocando en múltiples metas al mismo tiempo. La fatiga mata la creatividad, la fatiga mata tu motivación.

· · ·

Para ser más saludable, necesitas maximizar tu energía y convertirte eficiente con ella porque no puedes estar motivado si te encuentras estresado y cansado.

Sólo puedes elegir un camino. Por lo tanto, elimina la mayoría de tus distracciones, como personas o tecnología, y establece un horario en el que vas a dejar de trabajar.

3. Celebra con tu núcleo social

Tener un mentor que te de retroalimentación y consejos, tener un núcleo de personas que puedan animarte para cumplir tus ambiciones, celebrar es esencial para mantener esa motivación.

Cuando yo me encontraba en un momento difícil y no era capaz de hacer surgir esa motivación, descubrí que es debido a que estaba consumiendo negatividad, tanto por familiares como por los medios de comunicación.

Enfócate en la calidad y en la positividad de las personas que te rodean y tu motivación surgirá sin problemas.

4. La satisfacción es una vida que tu diseñas

. . .

Tu carrera debe hacerte sentir completo y satisfecho. Al fin y al cabo, es en lo que más tiempo de nuestra vida dedicamos. Si detestas lo que haces, la motivación se escurrirá.

Busca la carrera y la vocación adecuada para ti. Experimenta y crea el estilo de vida adecuado que deseas ahora.

No esperes a ganar un millón de pesos sólo para que al final te des cuenta de que ni siquiera es lo que deseas en la vida y te sientas infeliz.

Piensa acerca de cómo puedes diseñar tu carrera para que sea parte de una vida legendaria, y siempre debes estar preparado para rediseñar porque todo cambia constantemente: tu vocación, tus relaciones, tu misión en la vida.

5. Prolonga y mantén una gran inspiración a partir de la naturaleza

Ya hemos aclarado antes que la motivación surge a partir de la novedad. Al leer libros en diferentes locaciones y hacer tu trabajo creativo en un área de trabajo distinto, surge la novedad y provocas la llegada de la motivación.

· · ·

Al apreciar diferentes vistas de la naturaleza, tomar paseos largos y viajes a lugares lejanos, estiras tu motivación y tu entusiasmo se expande.

Es debido a que nuestras mentes siempre están en busca de esa novedad. Toma ventaja de este aspecto para mantenerte súper inspirado y motivado.

Cuando tienes una rutina matutina establecida, te vuelves más eficiente, productivo y concentrado en el trabajo. ¡Lo mismo ocurre con la rutina de la tarde! Si tú eres una de esas personas que siente que la caída posterior al almuerzo arrastra su productividad a mínimos históricos, aquí hay algunas cosas que puedes incorporar a tu rutina de la tarde para solucionarlo.

1. Hora de moverse: Dar una caminata después del almuerzo o una caminata unas horas antes de salir por el día ayudará a revitalizar tu energía. Hacer tiempo para moverte en tu rutina de la tarde te mantendrá motivado para superar las telarañas cerebrales que comienzan a formarse después de haber trabajado duro toda la mañana.

2. Momento perfecto para las reuniones: programar algo interactivo que no puedas cancelar es en realidad una buena idea para tu rutina de la tarde.

· · ·

Te hará responsable de hacer algo, la naturaleza interactiva de las reuniones o las sesiones de colaboración con compañeros de trabajo te mantendrá enfocado, y estas tareas se reservan mejor para este período de tiempo porque necesitas concentrarte en tareas más desafiantes e impulsadas por el enfoque al siguiente día.

3. Dedica un poco de tiempo a un gran proyecto: tienes un gran proyecto que abordar, por lo que, naturalmente, probablemente te haya ocupado la mayor parte de la mañana. Si necesitas pasar de ese gran proyecto y concentrarte en el resto de tu carga de trabajo por las tardes, dedica sólo un pequeño espacio de tiempo (de 20 minutos a una hora) a hacer el progreso final en tu gran proyecto antes de pasar a otras tareas.

4. Concéntrate en las cosas fáciles: si deseas que una rutina de la tarde funcione, debes concentrarte en las cosas fáciles justo cuando regreses del almuerzo y pasar lentamente a un trabajo más desafiante. Esto te ayudará a adoptar una mentalidad de productividad y concentración. Cuando te concentras primero en las tareas más sencillas, podrás hacer muchas cosas en un corto período de tiempo. Con ese impulso, podrás volver a realizar la transición a un trabajo más desafiante fácilmente y podrás hacer mucho más por la tarde de lo que sueles hacer.

. . .

5. Lluvia de ideas y resolución de acertijos: si sientes que se avecina la niebla de una depresión de la tarde, dedica un tiempo de tu rutina de la tarde para la lluvia de ideas o la resolución de acertijos. Recuperar tus facultades analíticas y creativas despejará el camino para una tarde más productiva.

6. Planifica el día siguiente: una cosa para la que necesitas hacer tiempo en tu rutina de la tarde, preferiblemente al final, es planificar el día siguiente. Tomarte el tiempo para planificar el mañana te ayudará a mantenerte productivo desde el momento en que ingreses por la puerta al día siguiente hasta el momento en que te vayas.

Es posible que los expertos en productividad no hablen de las rutinas de la tarde con tanta frecuencia como de las rutinas de la mañana, pero su poder no debe subestimarse.

Si deseas concentrarte, hacer más trabajo y poder durante la segunda mitad de tu día de trabajo, asegúrate de tener una excelente rutina matutina que tenga en cuenta uno o más de los 6 puntos mencionados anteriormente.

15

Empezar desde 0 Significa
Empezar desde uno Mismo

Los valores personales y cómo dan forma a la motivación

Para la mayoría de las personas, los valores personales son el principal motivador. Tu moral y tus valores constituyen una gran parte de quién eres, por lo que tiene sentido que la moral y los valores jueguen un papel importante en motivarte a nuevas alturas.

Pero descubrir tus valores personales significa que tienes que mirarte a ti mismo, y eso no es tarea fácil.

Empieza por hacerte algunas preguntas como: "Cuando era más feliz, ¿qué estaba haciendo? Con quién estaba yo

· · ·

¿Qué me hizo tan feliz? y, "¿Cuándo me sentí más orgulloso, más satisfecho o más realizado? ¿Qué valores tuve en mi vida durante esos tiempos?".

En mi propia vida, hubo muchas ocasiones en las que estaba completamente arruinado y decepcionado de mí mismo. Me sentía deprimido y no me gustaba lo que pasaba a mi alrededor. Pasé por un largo proceso en mi búsqueda por escribir y mis valores me anclaron y me animaron en esos momentos en los que me sentía peor.

Los valores son ideas simples que te protegen y te hacen crecer como persona, y algunos de esos son la honestidad, la responsabilidad, la consistencia, la fuerza, la lealtad, etc. Si te das cuenta, este tipo de valores pueden aportar mucho a tu rendimiento profesional y artístico.

Cualquier cosa en la que creas firmemente se considera un valor. Si no sabes por dónde empezar, escribe lo que es importante para ti. Pueden ser cosas simples o ideas generales como amigos, familia, éxito, etc. Por lo general, estos son tus valores fundamentales y las respuestas pueden sorprenderte.

Adaptando tus valores fundamentales

. . .

Una vez que hayas definido tus valores, puedes usarlos para impulsar tu motivación. Si la honestidad es algo que valoras, adquiere ese valor y úsalo como motivador en tu viaje de crecimiento personal.

La motivación es lo que nos ayuda a mejorar y seguir mejorando a lo largo de nuestra vida. Los valores personales cambian con el tiempo, así que asegúrate de reevaluar tus valores de vez en cuando. Si tus valores no se alinean con tus objetivos, observa ambos más de cerca para que puedas adaptarte.

Cómo mantenerse motivado

Es difícil mantenerse al día con la motivación interna si no tienes concentración y disciplina. ¿Por qué? Porque el enfoque y la disciplina son el núcleo de la motivación.

Cuando pones enfoque y disciplina junto con valores y metas personales, se crea una fuente de energía que se convertirá en tu combustible. Ese combustible puede durar para siempre si lo haces bien.

Mantenerse motivado es una de las cosas más difíciles con las que te encontrarás. A veces, ocurre un mal día y simplemente no puedes encontrar tu motivación.

¿Verdadero o cierto? Sólo recuerda: no siempre estarás motivado, por lo que debes aprender a ser disciplinado.

A continuación, te presento algunos consejos y trucos para mantener la motivación incluso cuando las cosas se ponen difíciles:

Asumir la responsabilidad personal de tus elecciones; sí, ¡hasta los malos! La responsabilidad te ayuda a tener un sentido de autoconciencia, que es crucial para mejorar y avanzar.

No interactúes con personas que son constantemente negativas o te deprimen. Ya sea que se trate de familiares, amigos o compañeros de trabajo, te encontrarás con personas que no tienen ninguna motivación para hacerlo mejor o lograr nada en la vida. Rodearse de gente desmotivada solo te deja sintiéndote sin apoyo, y el viejo dicho "la miseria ama la compañía" es cierto.

Escucha y lee discursos, videos, artículos, libros o revistas motivadoras. Leer material de personas exitosas o personas que motivan a otros puede aumentar tu propia motivación.

Ofrece un sentido de comunidad y te permite saber que no estás solo en tu viaje.

Hay millones de personas que están tomando el control y cambiando sus vidas mediante la automotivación.

¡Recuerda el sueño! Recuérdate a diario tus valores, por qué empezaste y dónde quieres estar. Mantener esos valores al frente de tu mente cuando las cosas se ponen es crucial para alcanzar tu meta.

Seguimiento de tu progreso. Al mirar hacia atrás en tus logros, obtendrás una sensación de logro y satisfacción. El seguimiento de tu progreso puede darte un impulso rápido de autoestima y ayudarte a superar los momentos difíciles. ¡Has llegado tan lejos, sigue presionando!

Somos nuestros peores críticos, pero es importante mantener un equilibrio entre la responsabilidad y los insultos. A veces, necesitas darte una patada en el trasero por no cumplir una fecha límite o no lograr un objetivo, pero no seas demasiado severo. No querrás crear el hábito de menospreciarte. Te caíste y está bien porque el fracaso no es el final. Tener miedo de fracasar puede impedirte el éxito.

Nunca dejes que el miedo al fracaso o el fracaso mismo te detenga.

. . .

Tómate un descanso de vez en cuando. Esforzarse al 110% durante semanas es agotador. Cuidar de ti mismo es fundamental para alcanzar tu meta. No sólo está bien tomar descansos, es necesario. Establecer horas de trabajo dedicadas o utilizar un sistema de programación de bloques son excelentes formas de evitar el exceso de trabajo. Recuerda que descansar está bien, siempre y cuando vuelvas a la rutina. Ten esto en cuenta: un cuerpo en movimiento permanecerá en movimiento y un cuerpo en reposo permanecerá en reposo. Y recuerda: la acción siempre es mejor que la inacción.

Evita la procrastinación. Si hay algo que mata la motivación, es la distracción. Si es necesario hacer algo, hazlo.

Esperar hasta el último minuto sólo crea más presión y estrés. También puede resultar en un producto que podría haber sido mejor. Hazlo ahora. Algunas veces, más tarde se vuelve nunca. La procrastinación a menudo está impulsada por sentimientos relacionados con la angustia o ansiedad provocados por una tarea determinada. Pero hay formas de superar la incomodidad y vencer la procrastinación. Puedes dividir el proyecto en partes pequeñas y más manejables; lograr un paso alimentará tu motivación para el siguiente.

Puedes establecer límites para el tiempo dedicado a prepararte para comenzar o apuntar a completar las tareas lo más rápido posible. También puedes establecer una recompensa que obtendrás después de completar la tarea o parte de ella.

La automotivación requiere práctica, pero si sigues estos consejos, te resultará más fácil mantener la motivación en el futuro. Con algo de creatividad y fuerza de voluntad, realmente puedes encontrar el tiempo y la energía para hacer realidad tus sueños.

¿Alguna vez has iniciado una gran limpieza de armario, has iniciado un programa de pago de deudas o has intentado simplificar tu vida de otras formas sólo para perder la motivación a mitad de camino? Tal vez te detuviste porque no tenías un sistema de apoyo sólido o te resultó demasiado difícil continuar. Lo que pasa con la simplicidad es que no siempre es fácil, especialmente al principio. En la mayoría de los casos, tampoco sucede de la noche a la mañana, por lo que es esencial encontrar formas de mantener la motivación.

La buena noticia es que con cada cosa que sueltas, te sientes un poco más ligero. El nuevo espacio y tiempo que crees te servirá de motivación e inspiración para seguir adelante.

Aquí hay 5 formas de mantener la motivación para simplificar tu vida y posiblemente inspirar a las personas que te rodean a simplificarla también.

1. Dale vida.

Leer y compartir libros y publicaciones de blog es una excelente manera de mantenerte inspirado mientras pagas tus deudas, ordenas y comienzas a vivir una vida más simple.

Dar vida a lo que lees es una dosis aún mayor de inspiración.

2. Pon tu corazón en el juego.

Si tu corazón no está en el juego, el cambio permanente no tiene ninguna posibilidad. Entiende realmente tu motivación para cambiar. ¿Qué estás tirando de tu corazón? Por ejemplo, dejar el azúcar para perder un par de kilos y poder entrar de nuevo en los jeans de la escuela secundaria para una reunión puede llamar la atención de tu ego, pero es posible que realmente no le hables a tu corazón con mayor profundidad. Pero, si crees que dejar el azúcar te ayudará a dormir mejor, a prevenir el cáncer y a vivir más tiempo ... ahora es una cuestión del corazón.

¿Por qué quieres simplificar tu vida? Hazlo para una mejor salud y más amor. No puedo decirte cuáles son tus razones, pero sé que una vez que las identifiques, las vocalices y las escribas, nunca mirarás atrás.

Una vez que tu corazón esté en el juego, encontrarás la fuerza que necesitas para soltar el desorden, el ajetreo y todas las otras cosas que se interponen entre tú y lo que más importa.

3. Filtra tus redes sociales.

Llena y limita tus redes sociales con inspiración o cosas que te enriquezcan. Si parte del filtro requiere también reducir el constante uso de las redes sociales, prueba un ayuno digital durante las 24 horas de la semana y configura un temporizador cuando las uses para tener mayor control de tu tiempo. Es muy fácil encontrar interés por el contenido de las redes y sumergirte en ellas desperdiciando horas muy valiosas de tu día, pero si configuras un temporizador, se te recordará que debes desconectarte y salir a caminar o hacer otra cosa que disfrutes.

4. Vívelo ahora.

No tienes que esperar hasta estar libre de deudas, libre de desorden o vivir de la manera más simple posible para disfrutar de tu vida. Encuentra pequeñas formas de disfrutar de la vida más simple que estás creando cada día. Da un largo paseo. Cocina una comida sencilla. Pasa una noche sin teléfono con tus seres queridos.

· · ·

5. Sé bueno contigo mismo.

Los grandes cambios generalmente vienen con algunos resbalones y deslizamientos, algunos pasos hacia adelante y luego aún más hacia atrás. No te castigues ni permitas que la culpa te impida volver a intentarlo. Sé bueno contigo mismo. Cuida tu cuerpo, corazón, mente y alma. Las cosas buenas toman tiempo. Tienes esto.

16

Un Entorno Positivo Permite el Desarrollo de la Motivación

Durante casi todo el libro, te he hablado de la importancia que tiene tu auto determinación y esfuerzo para lograr despertar y mantener la motivación necesaria para alcanzar tu meta y tus objetivos.

Sin embargo, tu entorno también afecta directamente este crecimiento personal. Las personas que te rodean, los ambientes y lugares que frecuentas, las actividades en las que te ves comprometido; todo eso puede estar siendo un obstáculo en tu búsqueda de felicidad. La buena noticia es que tú también eres capaz de modificar eso y buscar lo que es mejor para ti.

La energía emocional está a nuestro alrededor. La forma en que interactuamos y nos conectamos con las personas tiene un efecto duradero en nuestras vidas, y este efecto es positivo o negativo depende en gran medida de la energía emocional con la que nos rodeamos. Cada persona aporta algo diferente a una relación, y cuanto más positivas son las personas que dejamos entrar en nuestras vidas, más seguros, energizados y conectados con la vida nos sentimos.

Cuando la mayoría de nuestras relaciones implican rodearnos de energías negativas, nuestras energías corren el riesgo de volverse negativas también. La negatividad afecta la forma en que vemos nuestra vida y las vidas que nos rodean. La falta de interacciones y pensamientos positivos puede causar ansiedad, depresión y aislamiento.

No es fácil catalogar a las personas por "negativas", sobre todo cuando estás hablando de tus amigos, familiares o parejas. A veces nos encontramos aferrados o dependientes a ciertas personas y permitimos que sus actitudes nos afecten. Es por eso, que decidí enumerar algunas características de las personas negativas o pesimistas que pueden arruinar tu proceso de motivación:

Siempre se preocupan

Las personas negativas sobreviven con preocupaciones, una dieta muy poco saludable. Esta mentalidad está orientada hacia la necesidad de sentirse protegido y consciente en un grado extremo.

· · ·

Practicar la atención plena y permanecer en el presente son excelentes formas de aplastar las preocupaciones.

Intentan decirte qué hacer

Cuando la gente empiece a decirte qué debes hacer con tu vida, qué casa comprar o si debes cambiar de trabajo, puedes estar seguro de que están en el pelotón negativo. No se dan cuenta, pero esta es una señal segura de que no han resuelto sus propios problemas de vida. ¡Es mucho más fácil decirles a los demás cómo vivir sus vidas!

Viven en la posición predeterminada

Existe una explicación neurológica de por qué algunas personas terminan siendo tan negativas. Tiene que ver con la parte del cerebro llamada amígdala, que funciona como una alarma y está constantemente al acecho del peligro, el miedo y las malas noticias. Los científicos creen que esta es la posición predeterminada del cerebro. En términos evolutivos, esto es comprensible; todo es parte del mecanismo de huida del miedo en el que el cerebro utiliza la mayoría de sus neuronas para mantenerse al día con todas las malas noticias almacenadas en la memoria.

• • •

Las personas positivas desarrollan la capacidad de evaluar y afrontar problemas que pueden contrarrestar este mecanismo.

Disfrutan del secreto y los chismes

Si conoces a una persona negativa en una fiesta, es posible que la conversación te resulte bastante tediosa. Temerosos de revelar demasiada información sobre sí mismos, viven con el temor de que al hacerlo se use en su contra de alguna manera. Rara vez piensan que lo que comparten podría usarse de manera positiva.

Son pesimistas

Mi madre era la mayor pesimista del mundo. Al ver nubes amenazantes en el camino a la playa, invariablemente decía que lo mejor del día se había ido (y no recuerdo ningún aguacero cuando tuvimos que regresar a casa).

Las personas negativas rara vez prevén un resultado feliz o un gran resultado. Siempre imaginan que todo saldrá mal.

No pueden limitar su exposición a malas noticias.

· · ·

A las personas negativas les encanta entrar a su cubículo y decir cosas como: "¿Has escuchado las terribles noticias sobre ...?", Después de lo cual te informan de todos los detalles sangrientos. La tragedia es que la sobreexposición a noticias negativas afecta a una persona más profundamente de lo que se pensaba. Las investigaciones han demostrado que la exposición de los medios a la violencia, la muerte y la tragedia contribuye a la depresión y la ansiedad, así como al trastorno de estrés postraumático (TEPT). Colorea la perspectiva de la vida de una persona negativa.

Es por eso que, debes limitar la cantidad de noticias que ves en la televisión y en tus dispositivos tecnológicos. ¿Difícil? Quizás. Pero es esencial para mantener una actitud positiva.

Son extremadamente sensibles a los comentarios

Es probable que aquellos que son negativos sean demasiado sensibles a las críticas, incluso acepten los cumplidos de manera incorrecta. Interpretan los comentarios inocentes como condescendientes o groseros. Por ejemplo, una persona negativa puede encontrar ofensivas las bromas sobre las personas bajas porque ellas mismas no son muy altas.

Se quejan mucho

. . .

Las personas negativas tienden a quejarse mucho, convencidas de que el mundo entero está en su contra. Suelen ser víctimas del mal tiempo, un jefe difícil, mala suerte y su educación. Rara vez dan un paso atrás para mirar otros factores, como la falta de energía, creatividad o simplemente trabajo duro.

Nunca se mueven fuera de su zona de confort

Salir del mundo familiar es un anatema para aquellos que son negativos. No pueden enfrentar la posibilidad de más miedo, incomodidad, desafíos o fracasos. Por lo tanto, nunca pueden probar nuevas experiencias y están condenados a vivir en su zona de confort aburrida y lúgubre.

Les encanta la palabra "pero"

Una persona negativa podría decir algo positivo o incluso felicitarte por tu excelente cocina. Puede que les guste encontrarse en la playa o en un restaurante. El único problema: terminan sus comentarios con la palabra "pero", convirtiendo esto positivo en negativo. Recibes comentarios como "Parece un gran restaurante, pero me pregunto por qué no reservaste una mesa afuera" o "Es una playa hermosa, pero siempre hay demasiada gente alrededor".

. . .

Son personas de bajo rendimiento

La falta de éxito puede deberse a muchos factores, pero la negatividad es la causa principal. Las personas negativas generalmente piensan que no son lo suficientemente inteligentes, atléticas o buenas. Pero la verdadera amenaza para su éxito es que su inteligencia emocional está paralizada por su actitud a menudo crítica y confrontativa. Además, lo obsequiarán con historias de lo difíciles que eran las personas, de cómo nunca colaborarían y de lo imposible que era llegar a algún lado con ellas.

Nunca se emocionan con proyectos futuros.

¿Ha notado que aquellos que son negativos nunca pueden hablar de planes o proyectos futuros de manera positiva? En realidad, rara vez hablan de planes porque están demasiado absortos en su miseria actual. Como persona positiva, tienes sueños. Tienes proyectos y visiones de cómo será tu futuro. Estás en una carretera abierta mientras ellos están atrapados en un túnel oscuro.

Se convierten en vampiros de energía.

Además de ser exigentes, las personas negativas absorben toda tu energía, como un vampiro.

Simplemente son incapaces de producir energía positiva y absorberán su atención, tiempo y energía a medida que proceden a arrastrarlo por la espiral de negatividad.

Se pierden las cosas buenas de la vida.

Una persona negativa difícilmente reconocerá la alegría, la pasión, la alegría y la emoción. Estas no son emociones o sensaciones que experimentan con regularidad.

Por supuesto, esto no es sorprendente si se considera que estas personas están obsesionadas con sus trabajos, relaciones y estatus social insatisfactorios.

Le dan un giro negativo a las buenas noticias

Está emocionado de compartir buenas noticias sobre el trabajo de sus sueños, el compromiso o una nueva casa. Pero cuando quieres decirle a una persona negativa, dudas. ¿Por qué? Sabes que siempre encontrarán la manera de hacer que suene negativo. Le advertirán que tenga cuidado, le advertirán de los peligros y le dirán que piense detenidamente antes de aceptar.

. . .

La mejor manera de lidiar con toda esta negatividad es agradecer a tu estrella de la suerte que eres positivo y que has superado la mayor parte de la negatividad en tu vida.

Cuanto más negativa sea una persona, más feliz puede ser de no ser como ella, y tendrá mucho cuidado de no quedar atrapado en su red.

Seguramente aparecieron en tu cabeza algunos nombres mientras leías las características previamente mencionadas. Pero no te preocupes, independientemente de lo negativas que puedan ser las personas que quieres, no está en tus manos ni es tu responsabilidad corregirles eso. con tu misma positividad y motivación estarás ayudándoles a cambiar su perspectiva y a recibir un poco de luz en sus vidas.

Tampoco se trata de cortar toda relación con personas que cumplan estas características porque en realidad es, hasta cierto punto, normal que todos pasemos por momentos de pesadumbre. Basta con tomar una distancia saludable y enfocarte en un principio únicamente en tu bienestar.

También puede suceder que tú mismo te hayas identificado con estas características de las personas negativas. No te preocupes. Estar leyendo este capítulo del libro significa que tienes la intención suficiente para cambiar eso, así que el paso más difícil ya lo has dado.

Ya que has identificado las zonas negativas de tu vida, te introduciré algunos aspectos importantes a considerar para tener un estilo de vida más positivo y una mentalidad más motivada.

La mayoría de nosotros queremos sentirnos más vivos, empoderados y positivos en nuestra vida diaria. Pero ¿cómo hacemos eso? ¿Hay un secreto, un buen consejo, una forma infalible?

Honestamente, sí. ¿El secreto? Rodéate de gente positiva.

Ahora bien, esto puede ser más fácil para algunos y más difícil para otros. Que sea fácil o difícil para ti depende de las relaciones que hayas cultivado a lo largo de tu vida. Pero si deseas mejorar tu felicidad, tus hábitos y tu satisfacción general con la vida, debes rodearte de positividad.

Por qué las relaciones personales son tan influyentes

Necesitamos relaciones en un nivel muy básico. Los lazos estrechos aumentan nuestra satisfacción con la vida.

. . .

Período. Tener relaciones cercanas aumenta nuestro disfrute de la vida. Combate la soledad, que es un gran obstáculo para la felicidad y la positividad.

Necesitamos compartir las experiencias de nuestras vidas. Tener a alguien a quien contarle nuestras buenas noticias. Para compadecerse cuando algo no va bien y recibir una palabra de aliento. Necesitamos amor y conexión. Nuestras relaciones crean un sentido de pertenencia y hogar.

Pero va más allá del amor y la pertenencia. Nuestros seres queridos también influyen poderosamente en nuestra mentalidad, decisiones y elecciones.

Claro, algunas personas quedan atrapadas en el glamour de admirar modelos inspiradores y aspiracionales. Este tipo de celebridades superficiales y personas influyentes en las redes sociales (usted conoce a las personas exitosas de las que estamos hablando) no lo alentarán a vivir la vida como su mejor yo. Pero aún así, algunas personas miran las vidas perfectas de Instagram de estas personas y piensan: "Eso es lo que quiero".

Pero, en realidad, son nuestras relaciones más cercanas las que más nos impactan. Las relaciones cotidianas que tenemos con las personas que realmente conocemos y por las que nos preocupamos profundamente.

Nuestros buenos amigos y familiares nos influyen mucho más que los oradores motivadores y los millonarios.

¿Por qué? Es porque tenemos ese profundo acorde de conexión con ellos. Realmente nos importa lo que piensan.

Queremos su aprobación o escucharlos animarnos o incluso simplemente tenerlos de nuestro lado. Nos importa más que nada.

Cómo las personas positivas (y las personas negativas) influyen en tu vida

Ahora bien, es importante recordar que la influencia funciona en ambos sentidos. Funciona a tu favor cuando te rodeas de las mejores personas, y funciona en tu contra cuando te rodeas de gente mala o gente que te deprime.

Si tu mejor amigo es extremadamente negativo, ¿no estarás siempre intercambiando vibraciones negativas? ¿No es eso perjudicial para tu mentalidad positiva?

Por el contrario, si eliges vivir la vida junto a personas de ideas afines que te animan a ser tu mejor yo, te convertirás en una mejor versión de ti mismo.

Mantendrás hábitos saludables, serás un mejor amigo, un mejor miembro de la familia, tendrás más tranquilidad y potenciarás tu superación personal.

Las personas negativas te llevan a pensar en tus limitaciones y miedos. Las personas positivas se enfocan en el crecimiento y las metas.

¿Con cuál elegirás rodearte?

Creo que puedo saber tu respuesta, así que te ofrezco unos pasos para hacer ese cambio en tu vida de manera exitosa. Considera y reflexiona muy profundamente estos próximos puntos y visualizalos ya hechos realidad en tu vida.

1. Liberar las relaciones malas con personas negativas

Una de las cosas más desafiantes de rodearte de personas que te hacen mejor es que a veces las personas más cercanas en tu vida, las personas que conoces desde hace años, no entran en esa categoría.

Entonces, ahora tienes que tomar una decisión. Debes sopesar los pros y los contras de esa relación.

Puede que sea el momento de liberar o reducir esa relación si te das cuenta de que no te sirve. Puede ser una elección difícil y emocionalmente agotadora, pero si quieres mantener la positividad en tu círculo social, este es un paso necesario (aunque desgarrador).

2. Sea una persona positiva y atrae a otras personas positivas

"Me gusta" llama a "me gusta", de acuerdo con la Ley de Atracción, por lo que adoptar la positividad es absolutamente esencial para atraer a otras personas positivas, exitosas y motivadas a tu órbita.

Si te gusta establecer nuevos objetivos y escuchar podcasts, busca personas con ideas afines que hagan lo mismo. Si te gusta la superación personal y salir de tu zona de confort, busca ese tipo de personas.

Al vivir la vida que desea, atraerá a la multitud adecuada.

3. Sal con gente exitosa

.   .   .

La mejor manera de generar impulso y mejorar rápidamente en cualquier cosa es practicar con alguien más avanzado.

Tendrás que ser rápido y trabajar duro para mantenerte al día, pero los resultados valdrán la pena. Las personas exitosas te desafían a crecer y cambiar, y sacan lo mejor de ti.

Las personas exitosas no tienen miedo de hacerlo y, a veces, ese puede ser exactamente el impulso que necesitas para tener éxito.

4. Rodéate de animadores

Un componente imprescindible para mantener una actitud positiva es tener una gran red de apoyo. Las personas positivas pueden aceptar un cumplido con gracia y saber cuándo dar un impulso a los demás también.

Los animadores son motivadores. Levantan a otros; no los arrastran hacia abajo. Los buenos amigos también hacen eso. ¿Tus amigos y familiares actuales lo apoyan? ¿Reconocen un trabajo bien hecho? ¿Se emocionan cuando tú estás emocionado por algo?

· · ·

De lo contrario, es posible que debas aumentar un poco la positividad en tu círculo. Porque recibir comentarios alentadores es necesario para una buena salud emocional y mental.

5. Haz amigos con personas fuera de su zona de confort

¿Estás atrapado en tus propias limitaciones? ¿Tu grupo social permanece dentro de cierta frontera?

Las personas felices y positivas tienden a diversificarse. Se estiran. Alcanzan las estrellas. ¿Y sabes qué? Les encanta.

¡Les encanta conocer gente nueva con ideas interesantes y nuevas formas de ver el mundo!

Entonces, reflexiona acerca de esta simple pregunta hoy: ¿Es tu círculo de buenos amigos demasiado pequeño?

Si es así, sal de su zona de confort y rodéate de personas que hagan lo mismo.

· · ·

No hay nada mejor que conocer gente nueva, unirse y descubrir la comunidad de una manera nueva.

Estos consejos te ayudarán principalmente a crear un ambiente cómodo y positivo para que te desenvuelva. Así como eres capaz de cambiar y crear tu estilo de vida, también puedes hacerlo con tu entorno. Sin embargo, puede que el punto 2 resulte distinto, ya que el convertirte tú mismo en la persona positiva es un proceso un poco más largo.

Debido a eso, es importante señalar distintos aspectos acerca de qué puedes hacer para empezar a tener una mentalidad positiva y poder compartir con tu entorno positivo esa misma energía y visión. En otras palabras, se trata de fusionarte con ese ambiente ideal que has formado.

1. La felicidad es contagiosa: una de las mejores formas de encontrar la felicidad es encontrar a aquellos que saben cómo nutrir y crear su propia felicidad, y compartirla libremente. Pasa tiempo con estas personas y verás el mundo de manera diferente.

2. La risa es una excelente manera de vincularse con los demás: una excelente manera de conectarse con los demás es compartir la risa o pasar tiempo divirtiéndose con ellos.

· · ·

Ver cómo alguien reacciona ante una situación divertida y sentirse atraído por el buen humor es una excelente manera de vincularse y conocerse mejor.

3. Menos quejas es bueno para todos: todos sabemos que la vida puede ser difícil. Todos tenemos nuestras luchas. Pero, ¿no es refrescante pasar tiempo con personas que no pierden tiempo y energía quejándose? Casi puedes sentir que tu ánimo se levanta alrededor de alguien que está dispuesto a ver lo bueno en las cosas.

4. Aprenda estrategias de afrontamiento: Todos tenemos nuestras estrategias para afrontar los días difíciles y los momentos difíciles. Pero no está de más inspirarse en quienes te rodean. Es posible que tengan ideas que no has considerado. Mejor aún, ¡puede que te inviten a unirte a ellos! Sus paseos nocturnos o sus paseos por la librería pueden convertirse en tu nueva salida favorita en los días estresantes.

5. Nos volvemos como aquellos a quienes tenemos más cerca: Hay un viejo dicho que dice que nos convertimos en aquellos a quienes elegimos tener más cerca. Mira a tu alrededor en tu círculo íntimo de amigos y confidentes. ¿Son ellos en quienes te gustaría convertirte? ¿Los admiras y respetas? Si no es así, quizás deberías considerar por qué no lo haces y abrir tu círculo a una nueva inspiración.

. . .

Vale la pena el tiempo que puedes tomar para rodearte conscientemente de personas que pueden crear bondad para sí mismos y para quienes los rodean. Echa un vistazo a tu alrededor y ve: ¿parece que te sientes atraído por la gente feliz? ¿Por qué o por qué no?

17

Cuando La Depresión Está De Por Medio

A PESAR de que todo lo enseñado en este libro puede variar dependiendo el estilo de vida o la meta de cada persona, así como ir disminuyendo o aumentando su nivel de constancia y dificultad, es verdad que para algunos llega a ser casi imposible. La depresión es un trastorno de salud mental que afecta las emociones y provoca un desinterés hacia todo.

Una persona con depresión puede tener mayores obstáculos al momento de establecer una meta y tratar de alcanzarla; es por eso que, buscando integrar y ayudar a esas personas, mencionaré algunos puntos en los que pueden trabajar para poder llevar a cabo los consejos que he presentado en los capítulos anteriores.

6 consejos para motivarte cuando te encuentras deprimido

· · ·

Si identificas cambios en el estilo de vida que podrían hacer que una persona deprimida se sienta mejor, una respuesta común es "Es más fácil decirlo que hacerlo". Alguien que está lidiando con la depresión probablemente ya sepa lo que se supone que debe hacer, pero la pregunta es cómo.

Después de todo, la depresión mata la motivación, la energía, el interés y la concentración. Aquí hay algunas estrategias para motivarte a comenzar cuando te encuentres deprimido:

1. Establece pequeñas expectativas al inicio.

Cuando estás deprimido, no estás funcionando en tu habitual 70 a 90%. Más bien, estás sentado en algún lugar más cercano al 20%. Si estableces las mismas expectativas para ti que tenías cuando no te sentías deprimido (que a veces es simplemente vestirse), te sentirás ansioso y abrumado y probablemente no harás la tarea que esperabas de ti mismo (y así te sentirás derrotado y avergonzado).

En su lugar, establece metas pequeñas y específicas: Limpia los trastes. Diablos, limpia tres vasos. ¿Tarea completada y todavía con ganas de más? Siempre puedes subir el listón si te sientes particularmente motivado.

. . .

Ten en cuenta que, si te sientes muy abrumado al abordar tu objetivo, es probable que sea demasiado alto y debas reducirlo a algo más realista o específico.

Recuerda que este ritmo no será para siempre, y que eventualmente tu ánimo mejorará y podrás establecer expectativas más altas de ti mismo y tus logros.

2. Practica la autocompasión.

Si te castigas por ser tan "improductivo" y "vago", te mantendrás sintiéndote mal y, por lo tanto, paralizado. En su lugar, intenta usar las mismas palabras de aliento que podrías usar para un amigo o ser querido.

3. Recluta apoyo o pide ayuda.

Algunos de nosotros tenemos problemas para responsabilizarnos en el mejor de los casos. Con poca motivación o energía, es mucho más difícil. Confía en alguien de tu núcleo social y pídele ayuda. Pídele a un amigo que lo mantenga en su compromiso. Pídele a tu pareja que te acompañe a una clase de yoga. Intégrate a un grupo de apoyo, cita de consejería o masaje de antemano para que estés más motivado y puedas trabajar con eso que te hace sentir mal.

4. Visualiza cómo te sentirás después de la tarea.

Darse una ducha, salir a caminar, preparar una comida o pasar el rato con un amigo parece una tarea muy siniestra si te concentras en el esfuerzo que implica. Las personas deprimidas generalmente tienen una baja autoeficacia, lo que significa que tienen poca confianza en su capacidad para realizar tareas. Como tal, tienden a sentirse abrumados y evitan tales tareas. Disminuye las expectativas para ti mismo dentro de la tarea y visualiza cómo podrías sentirte después de la tarea en lugar de durante.

5. Fíjate en la meta de hacerlo, no de disfrutarlo.

Cuando te sientes deprimido, es natural perder interés en las cosas que solían hacerte feliz. La comedia ya no es divertida, los deportes ya no son divertidos, pasar tiempo con los amigos ya no es atractivo. La ansiedad, la depresión y el autodesprecio se apoderan de ellos, lo que lleva a sentimientos de desapego y derrota. Entonces, cuando hagas algo "divertido" o "activo", hazlo con el objetivo de hacerlo, no de disfrutarlo.

De nuevo, se trata de algo que no durará mucho, debes tomar en cuenta de que pronto irás disfrutando y deseando vivir esos momentos.

6. Reconoce tu valentía para salir de tu zona de confort.

A pesar de lo doloroso que es, la depresión puede volverse cómoda en una forma de "diablo que conoces". Sabes qué esperar, en su mayor parte. Conoces el dolor, estás sufriendo, puedes predecir que mañana será más de lo mismo. La idea de salir de esta zona de confort puede provocar bastante ansiedad. Pero estar consciente de eso y dar pasos aventurados hacia adelante te permitirá ir desapegándote de esos sentimientos.

La depresión clínica puede cambiar tu cerebro de una manera que dificulta experimentar una sensación de placer o recompensa. Cuando te sientas deprimido, triste, entumecido o simplemente agotado, es posible que sientas que nada tiene sentido. Podrías pensar "¿Cuál es el punto? No va a cambiar cómo me siento".

Un error común es que necesitamos sentirnos motivados para hacer algo, así que esperas el día en que te despiertes sintiéndote más motivado, para comenzar a involucrarte en la vida y comenzar a sentirte más como tú mismo nuevamente. La motivación no surge mágicamente de la nada, tiene que cultivarse. Tenemos que hacer algo para despertar la motivación.

. . .

Maneras de aumentar la motivación

Aquí hay algunas estrategias que han demostrado ser efectivas para mejorar la depresión y aumentar la motivación:

Identificar comportamientos placenteros

Un buen lugar para comenzar es hacer una lista de las cosas que disfrutaste hacer en el pasado o las cosas que te gustaría comenzar a hacer. Pregúntate: "¿Qué siento que puedo hacer en este momento?" "¿Qué me ha inspirado en el pasado?" "¿Qué es algo que siempre he querido hacer?" No hay un lugar correcto o incorrecto para comenzar. El primer paso para identificar actividades placenteras o significativas, para moverte y hacer algo diferente a lo que has estado haciendo, es lo más importante.

Establecer metas realistas

El segundo paso es establecer metas y expectativas realistas. Piensa en lo que puedes hacer en ese momento y reduce la escala. Por ejemplo, si crees que puedes caminar 20 minutos, comienza con 15 minutos.

· · ·

No querrás esforzarte y exagerar. Si tu objetivo es demasiado grande y no puedes lograrlo, te decepcionarás de ti mismo, experimentarás pensamientos negativos y sentirás que no quieres volver a intentarlo. Entonces, en lugar de prepararte para el fracaso, concéntrate en establecer metas pequeñas y alcanzables; alcanzarlas promoverá pensamientos y sentimientos positivos sobre ti y, por lo tanto, aumentará tu motivación para hacer más.

Una vez que hayas logrado alcanzar tus objetivos y comiences a sentirte mejor, aumenta constantemente la dificultad del objetivo (es decir, duración, intensidad, frecuencia). Por ejemplo, si has podido salir a correr 2 veces por semana durante 20 minutos, intenta 3 veces por semana durante 30 minutos. Luego, piensa cómo puedes integrar estas actividades en tu vida diaria.

¡No olvides recompensarte por tus logros!

Se consciente del diálogo interno negativo

El diálogo interno es un monólogo interno que todos tenemos y que nos ayuda a procesar nuestros sentimientos y reacciones ante diferentes situaciones. Cuando nos sentimos deprimidos, ese diálogo interno puede volverse duro y autocrítico y esa voz puede decirte que no tiene sentido hacer nada.

El diálogo interno negativo es a menudo irracional y no está respaldado por hechos y, sin embargo, creemos estos pensamientos sobre nosotros mismos, lo que nos limita enormemente. El primer paso es tomar conciencia de estos pensamientos negativos. Una vez que hayas identificado tu diálogo interno negativo, puedes comenzar a desafiar y reformular gradualmente estos pensamientos con hechos y creencias racionales y positivas. ¡Cómo nos hablamos a nosotros mismos es importante para crear una relación positiva con nosotros mismos!

Mira los factores externos

A veces hay factores externos que afectan nuestro nivel de motivación. Tal vez sufras de un problema de salud crónico, te sientas atrapado en un trabajo sin futuro o tengas un entorno laboral estresante. O tal vez tu pareja o familiares te menospreciaron. Todas estas cosas pueden afectar la motivación. Pero pensar en lo que está bajo tu control y los cambios que puedes hacer, puede ayudarte a sentirte más a cargo de tu vida.

Puedes probar estas estrategias por tu cuenta o con el apoyo de tu terapeuta. Ten en cuenta que se necesita tiempo para hacer cambios duraderos y ser paciente contigo mismo en el proceso.

· · ·

Una vez cubiertos estos puntos, serás capaz de seguir exitosamente el proceso de motivación. No olvides que el esfuerzo te permitirá cumplir lo que te propongas.

Sin embargo, también es saludable reconocer que no te encuentras en una posición beneficiosa o que tú sólo no eres capaz de sobrellevar todo eso. La ayuda profesional permite que seas acompañado e instruido en el camino, y nunca debe considerarse como una derrota. Si tienes depresión, no te sientas avergonzado de tomar apoyo psicológico o incluso medicamentos para regular tus emociones. A veces es necesario sanar a través de terapias y acompañamiento para poder luego desenvolver plenamente tu motivación y lograr cumplir cualquier meta que te propongas.

Un Último Mensaje para Ti Acerca de la Motivación

PARA PRODUCIR ARTE del que nos podamos sentir orgullosos, es necesario contar con enfoque profesional y valentía en el compromiso. Y todo esto empieza con sólo una palabra: motivación.

Si no tengo motivación ni la pasión para escribir, puedo dedicar muchos años de mi vida a escribir un libro y hacerlo cuando sea que tenga ganas. Sin embargo, no es así como los más grandes pensadores del mundo, los innovadores, los artistas de clase mundial y los íconos lo hicieron.

Sea cual sea la industria, sus creaciones creativas siempre surgieron de la pasión. Para ti puede ser algo como diseñar un logo o una marca de identidad de cierta forma que tu cliente se sorprenda debido al valor que ha visto en tu trabajo.

• • •

Podría ser escribir publicaciones en un blog o artículos en una revista que inspiren a más personas. Podría ser guiar para que otras personas puedan liderar y ser influyentes, o crear una plataforma digital revolucionaria. Podría ser crear películas y producir videos inspiradores para tu audiencia de internet.

Sin importar qué te apasione, necesitarás una tremenda cantidad de motivación constante, y yo creo que todos nosotros debemos ser estudiantes de la motivación, para poder dominarla en un futuro. Si el mundo se vuelve un lugar lleno de personas motivadas y con metas claras, muchas cosas mejorarían y nuestro futuro sería aún más prometedor.

Así que hay que empezar con la motivación de uno mismo.

En ese sentido, nuestro arte se expande y los resultados de nuestra producción creativa inspira un gran impacto hacia aquellos que servimos y lideramos; ya sea tu familia, tu equipo y para el mundo que necesita escuchar tu mensaje.

Todo empieza con el buen manejo de la motivación.

. . .

Ahora, para cerrar con broche de oro, me gustaría ofrecerte como regalo unas breves pero poderosas frases que te pueden acompañar en el camino a tu meta. Incluso es buena idea tenerlas escritas alrededor de tu casa y tu área de trabajo para tenerlas presentes en los momentos cruciales.

Ya he mencionado en capítulos anteriores que tener escritas tus metas y tus razones para esforzarte, sirve muchísimo para despertar y mantener la motivación. Tener esas frases y esos decretos en lugares donde puedas leerlas cada día, permite que tu motivación se mantenga intacta. De la misma manera, tener frases positivas en tu vida cotidiana ayuda a alejar aquellos pensamientos negativos o desmotivadores. Puedes verlo como un regalo que te haces a ti mismo o a tu yo del futuro para nunca perder la pasión y siempre recordarte el por qué te esfuerzas.

El pensamiento positivo puede tener un gran impacto en la salud física y mental. Asegúrate de decirte estas cosas todos los días.

1. Hoy va a ser un gran día

Empezar el día con una actitud y una mentalidad positivas te ayudará a mantenerlo. Cuando la adversidad golpee, y lo hará, estarás mejor preparado para encogerte de hombros y seguir mirando el vaso medio lleno.

2. Estoy agradecido por la vida

La gratitud mejora la vida. Dite a ti mismo todos los días que estás agradecido por tu vida.

3. Puedo marcar la diferencia

Grandes cosas suceden cuando personas como tú toman pequeños pasos para marcar la diferencia. Incluso si sólo sonríes o felicitas a más personas cada día, puedes marcar una diferencia positiva en el mundo.

4. Mi pasado no me define

¿Cometiste errores en tu vida? Todos los demás también. Adelante. No te quedes en el pasado.

5. La gente cambia

¿Recuerdas el último punto? Cada uno de nosotros es un testimonio vivo de que las personas pueden cambiar. Espera lo mejor en los demás y trátalos como te gustaría que te traten.

. . .

6. Las cosas no siempre son como parecen

Tus cuentas de redes sociales pueden engañarte para que pienses que todos los que conoces acaban de comprar un automóvil nuevo, disfrutaron de unas excelentes vacaciones o compraron una casa nueva. Eso simplemente no es cierto.

Recuerda que las cosas no siempre son como parecen y compararse con los demás no es una forma gratificante de vivir.

7. Estoy haciendo mi mejor esfuerzo

La perfección no es una opción, pero hacer tu mejor esfuerzo sí lo es. Entonces haz eso.

8. Soy fuerte

Esto no tiene nada que ver con la cantidad de flexiones o dominadas que puedes hacer. Tiene mucho que ver con lo fuerte que eres como persona. ¿Cómo reaccionas ante la adversidad? ¿Te desafías a ti mismo? Lo más probable es que seas más fuerte de lo que crees y hayas superado algunas cosas increíblemente difíciles. Trata de decirte a tí mismo: "Puedo hacer cosas difíciles" o "Puedo hacer esto".

9. Soy capaz de alcanzar mis metas

Establecer metas es la clave del éxito. Independientemente de cómo te parezca el éxito, es esencial establecer metas y recordarte a ti mismo que puedes lograrlas.

10. Otros no definen quién soy

Tú defines quién eres por tus acciones y pensamientos. Las influencias externas, no importa lo cerca que estén de ti, no te definen.

11. No tengo toda la información

Es muy común llegar directamente a una conclusión cuando se te presenta información. Puedes preguntarte: "¿Cómo pudo esa persona de tal decir tal cosa? ¿Cómo pasó esto?"

¿Te suena familiar todavía? Antes de reaccionar, respira profundamente; probablemente no tengas toda la información.

12. Soy amado

. . .

A veces es difícil convencerse de esto, pero es absolutamente cierto. Alguien te ama mucho.

13. La vida sigue

Algunas cosas están bajo su control, mientras que otras no.

No se preocupe por las pequeñas cosas o lo incontrolable.

Sea resistente y recuérdese con frecuencia que la vida continúa.

El diálogo interno es importante en la vida cotidiana y los atletas profesionales a menudo lo utilizan como práctica. Si tienes una mentalidad positiva, tu cuerpo te seguirá.

Ya sea que estés entrenando para alcanzar tus objetivos de acondicionamiento físico o desees transformar tu bienestar general, el diálogo interno positivo puede ayudarte a lograrlo. Comienza con las frases enumeradas anteriormente y recuerda: ¡puedes hacerlo!